Minecraft
für Dummies

Minecraft für Dummies – Schummelseite

Die Spielsteuerung

Als wichtige Voraussetzung für Überleben und Fortschritt in Minecraft müssen Sie die Spielsteuerung beherrschen und wissen, wie Sie Feinde angreifen sowie Blöcke ab- und aufbauen können. Die folgende Tabelle listet die Standard-Tastenbelegungen für die Steuerung auf.

Aktion	Steuerung
Pause	`Esc`
Vorwärts	`W`
Rückwärts	`S`
Links	`A`
Rechts	`D`
Umsehen	Mausbewegung
Springen	`⎵`
Angreifen	Linke Maustaste
Gegenstand benutzen	Rechte Maustaste
Wegwerfen	`Q`
Schleichen	`⇧` (links)
Inventar	`E`
Chat	`T`
Spieler auflisten	`⇥`
Block auswählen	Mittlere Maustaste
Befehl	`/`
GUI verbergen	`F1`
Screenshot	`F2`
Leistungsanzeige	`⇧`+`F3`
Statistik anzeigen	`F3`
Ansicht ändern	`F5`
Zeitlupe	`F8`

Minecraft für Dummies – Schummelseite

Die Cheats

Um während des Spiels mit anderen Spielern zu kommunizieren oder *Cheats* zu nutzen, die sofortige Änderungen an Ihrer Welt hervorrufen, drücken Sie die ⊤-Taste, geben eine Nachricht ein und bestätigen mit der ←-Taste. Die folgende Tabelle führt wichtige Cheats auf, die Ihnen während des Spiels nützlich sein können.

Aktion	Steuerung
/help, /help 2, /help 3 und so weiter	Zeigt alle für Sie verfügbaren Cheats an.
/kill	Ihr Avatar stirbt.
/seed	Zeigt Ihnen den Startwert Ihrer Welt.
/difficulty 0	Ändert den Schwierigkeitsgrad in *Friedlich*.
/difficulty 1	Ändert den Schwierigkeitsgrad in *Einfach*.
/difficulty 2	Ändert den Schwierigkeitsgrad in *Normal*.
/difficulty 3	Ändert den Schwierigkeitsgrad in *Schwer*.
/clear	Leert Ihr Inventar.
/gamemode s	Ändert den Spielmodus in *Überleben*.
/gamemode c	Ändert den Spielmodus in *Kreativ*.
/gamemode a	Ändert den Spielmodus in *Abenteuer*.
/time set day	Erzwingt einen Sonnenaufgang.
/time set night	Erzwingt einen Sonnenuntergang.
/toggledownfall	Schaltet Regen ein oder aus.
/tp 300 60 400	Teleportiert Sie zu den angegebenen Koordinaten.
/weather clear	Erzeugt schönes Wetter.
/weather rain	Erzeugt Regen.
/weather thunder	Erzeugt ein Gewitter.

Jacob Cordeiro

Minecraft
für Dummies

Übersetzung aus dem Amerikanischen
von Isolde Kommer

WILEY

WILEY-VCH Verlag GmbH & Co. KGaA

Bibliografische Information der Deutschen Nationalbibliothek
Die Deutsche Nationalbibliothek verzeichnet diese Publikation
in der Deutschen Nationalbibliografie; detaillierte bibliografische
Daten sind im Internet über http://dnb.d-nb.de abrufbar.

1. Auflage 2014
1. Nachdruck 2014

Printed in Germany
Gedruckt auf säurefreiem Papier

Coverfoto: © Mojang
Korrektur: Petra Heubach-Erdmann und Jürgen Erdmann, Düsseldorf
Satz: inmedialo Digital- und Printmedien UG, Plankstadt
Druck und Bindung: CPI, Ebner & Spiegel, Ulm

Print ISBN: 978-3-527-71031-7
ePDF ISBN: 978-3-527-68233-1
ePub ISBN: 978-3-527-68231-7
mobi ISBN: 978-3-527-68232-4

Über den Autor

Jacob Cordeiro spielt seit der Alpha-Vorabveröffentlichung Minecraft. Er besucht die *Stanford Online High School* und gewann 2011 im Kunst- und Schreibwettbewerb der Highschool für seinen Beitrag einen Preis.

Widmung

Für meine Mutter – Danke für die Unterstützung während der Entstehung dieses Buchs. Du hast mir geholfen, meine Ziele zu erreichen, und ich verdanke dir mein Leben.

Für meinen Vater – du hast mir alle Möglichkeiten eröffnet und mein Interesse an Computerspielen und dem Schreiben geweckt.

Für Mrs. Melanie Nelson, die all dies erst möglich machte, indem sie ihr Vertrauen in mich setzte und sich die Zeit nahm, das Projekt auf den Weg zu bringen.

Nicht zuletzt für alle meine Freunde, vor allem Alec, Sam, Renee, Noel, und für meinen Bruder. Ihr seid in Schule und Freizeit großartige Kameraden.

Inhaltsverzeichnis

Kapitel 7
Die natürliche Welt   89

Kapitel 8
Die vom Menschen erschaffene Welt   97

Kapitel 9
Im MultiPlayer-Modus spielen und Cheats nutzen   107

Einleitung

Wenn Sie Computerspiele mögen, bei denen es um das Errichten von Gebäuden, um Überlebensstrategien, das Konstruieren von Meisterwerken der Ingenieurskunst und das Bestehen von Abenteuern geht, ist Minecraft genau das Richtige für Sie. Bereits mehr als neun Millionen Menschen haben Minecraft gespielt. Es basiert nicht auf starren Leveln, ist aber ein abenteuerliches Spiel, das Sie ganz nach Ihren eigenen Vorstellungen spielen können.

Bei Minecraft geht es um das Sammeln und Anfertigen von Rohmaterialien und Gegenständen und die Konstruktion von Gebäuden und technischen Vorrichtungen. Dabei stoßen Sie immer wieder auf Monster, die Sie bekämpfen müssen. Die Welt von Minecraft besteht aus kubischen Blöcken, die Sie ab- und wieder aufbauen können, um daraus Häuser zu bauen und Handwerksgegenstände anzufertigen. Das ist alles.

Während Sie *Minecraft für Dummies* durchblättern oder durcharbeiten, können Sie das Spiel mithilfe der darin enthaltenen Informationen nach Ihren Wünschen gestalten.

Über dieses Buch

Dieses Buch setzt keine Kenntnisse von Minecraft voraus. Es unterstützt Sie von Anfang an – vom Registrieren eines Minecraft-Accounts bis zur Herstellung von unterschiedlichen Objekten und Riesengebäuden sowie -maschinen aus einem Sortiment von Grundbausteinen.

Minecraft verfügt über eine gigantische Spielercommunity, deren Mitglieder teilweise ihre eigenen Programme entwickeln. *Minecraft für Dummies* konzentriert sich jedoch in erster Linie auf das Spiel selbst. Dieses Buch bietet Hilfen für Minecraft-Spieler, die im Spiel vorwärtskommen und immer wieder Informationen nachschlagen möchten, die sie sonst vergessen hätten. Auch wenn dieses Buch in erster Linie strategische Hinweise gibt und das meiste der Kreativität des Spielers überlässt, finden Sie zahlreiche Tipps und Erläuterungen auch zu den komplexesten Minecraft-Spielkomponenten.

Minecraft bringt ständig neue Updates und Funktionen heraus – dieses Buch entspricht der Minecraft-Version 1.6.4. Es ist jedoch nicht besonders wahrscheinlich, dass kommende Minecraft-Updates die grundlegende Funktionsweise des Spiels ändern werden; und so umfasst dieses Buch die meisten Hauptfunktionen von Minecraft.

Törichte Annahmen über den Leser

Ich versuche gar nicht, mir jeden einzelnen Lesertyp vorzustellen, der dieses Buch zu Hilfe nehmen könnte. Vielmehr mache ich bestimmte Annahmen über Sie, den Leser:

✔ Sie haben einen Computer und können ihn benutzen.

✔ Sie wissen, was ein Webbrowser ist und Sie können im Web surfen.

✔ Sie haben eine E-Mail-Adresse und wissen, wie Sie diese nutzen.

✔ Ihr Computer kann Java-Programme herunterladen und ausführen.

✔ Sie haben eine funktionierende Tastatur und eine Computermaus.

Konventionen in diesem Buch

In *Minecraft für Dummies* verwende ich nummerierte Schritte, Aufzählungslisten und Screenshots zur Veranschaulichung. Ich biete auch Hinweiskästen mit Informationen, die Sie nicht unbedingt lesen müssen, die Ihnen aber möglicherweise helfen können, das Thema besser zu verstehen.

Außerdem verwende ich die folgenden typografischen Regeln:

✔ Wenn ich Sie bitte, etwas einzugeben, ist der Text, den Sie schreiben sollen, **fett** gedruckt.

✔ Text, der in dieser `speziellen Schriftart` erscheint, ist sicher eine URL (Internetadresse), eine E-Mail-Adresse, ein Dateiname, ein Ordnername oder Code.

✔ Wenn ich einen Begriff benutze, mit dem Sie vielleicht nicht vertraut sind, setze ich ihn *kursiv*. Sie wissen dann, dass im Anschluss eine Erklärung dieses Begriffs folgt.

✔ In einigen Fällen vermittle ich Ihnen einen grundlegenden Eindruck davon, wie eine Internetadresse oder ein Codeabschnitt aussieht. Wenn der Text in Abhängigkeit von Ihren Einstellungen variieren kann, setze ich diesen Text *kursiv*.

Symbole, die in diesem Buch verwendet werden

Die Symbole heben wichtige Aspekte hervor, an die Sie sich erinnern sollten, Gefahren, die Sie beachten sollten, oder hilfreiche Informationen. Solche Punkte sind wie folgt gekennzeichnet:

 Tipps sind kleine Informationen, die für Sie nützlich sein können.

 Dieses Symbol verwende ich, um gefährliche Situationen hervorzuheben.

 Hierunter fällt der ganze Technikkram. Ich verwende dieses Symbol nicht sehr oft – aber wenn doch, wissen Sie, was Sie hier erwartet.

 Wenn Sie dieses Symbol sehen, lesen Sie den Text dazu am besten mehrmals, um ihn sich einzuprägen.

Wie es weitergeht

Wenn Sie *Minecraft für Dummies* im Ganzen lesen, erhalten Sie eine Fülle nützlicher Informationen; Sie können das Buch aber genauso gut querlesen, um bestimmte Themen zu finden, die Sie interessieren. Wenn Sie ein Minecraft-Einsteiger sind und wissen möchten, worum es in dem Spiel geht, lesen Sie die Kapitel 1 bis 3. Um den Rest des Buchs müssen Sie sich zunächst nicht kümmern; er geht mehr ins Detail, als zunächst nötig. Sie können später stets zu diesen Kapiteln zurückkehren.

Wenn Sie mehr Erfahrung mit Minecraft haben und Ihr Verständnis vertiefen möchten, überblättern Sie einfach die ersten drei Kapitel und entdecken Sie weiter hinten im Buch einige interessante Themen. Lesen Sie unbedingt Kapitel 11! Dieses enthält eine Top-Ten-Liste mit Minecraft-Tipps.

Einstieg in Minecraft

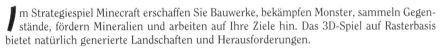

In diesem Kapitel

▶ Anlegen eines Minecraft-Accounts

▶ Minecraft kaufen und herunterladen

▶ Ihr erstes Spiel

*I*m Strategiespiel Minecraft erschaffen Sie Bauwerke, bekämpfen Monster, sammeln Gegenstände, fördern Mineralien und arbeiten auf Ihre Ziele hin. Das 3D-Spiel auf Rasterbasis bietet natürlich generierte Landschaften und Herausforderungen.

Im *Überlebensmodus* müssen Sie Ihre Ressourcen verwalten und brauchbare Gegenstände beschaffen, um im Spiel weiterzukommen. Im *Kreativmodus* können Sie Bauwerke, technische Vorrichtungen oder Erfindungen für Ihr persönliches Universum gestalten. Die meisten wichtigen Informationen finden Sie allerdings im Überlebensmodus. Dieses Kapitel erläutert, wie Sie Minecraft herunterladen, zeigt die ersten Schritte im Überlebensmodus und macht Sie mit den grundlegenden Steuerungselementen des Spiels vertraut.

Anlegen eines Minecraft-Accounts

Damit Sie sich in das Spiel stürzen können, müssen Sie zunächst einen Minecraft-Account anlegen. Danach können Sie im Demo-Modus spielen oder auf einen Premium-Account upgraden, den Sie für die Nutzung der Vollversion benötigen. Zum Anlegen eines Accounts folgen Sie diesen Schritten:

1. **Gehen Sie auf** `http://minecraft.net`.

   Es öffnet sich die Minecraft-Website.

2. **Klicken Sie den Link** REGISTER **oben rechts auf der Seite an.**

   Die Seite REGISTER NEW MOJANG ACCOUNT öffnet sich.

3. **Füllen Sie das Formular inklusive Ihres Geburtsdatums aus und beantworten Sie die Sicherheitsfragen.**

4. **Zum Schluss klicken Sie die Schaltfläche** REGISTER **an.**

5. **Prüfen Sie Ihr E-Mail-Konto: Sie erhalten eine Bestätigungs-Nachricht von Minecraft.**

6. **Aktivieren Sie den in der E-Mail enthaltenen Link, um Ihre Registrierung abzuschließen.**

   Im nächsten Abschnitt erfahren Sie, wie Sie das Spiel erwerben können.

Minecraft kaufen und installieren

Loggen Sie sich in Ihren Account unter `http://minecraft`.net ein, um das Spiel zu kaufen (siehe Details zur Registrierung im vorigen Abschnitt):

1. **Klicken Sie den großen Button BUY NOW an.**

   Es öffnet sich die Shop-Seite von Minecraft.

2. **Wählen Sie die Option BUY MINECRAFT FOR THIS ACCOUNT in der linken oberen Ecke des Shops, wie in Abbildung 1.1 gezeigt.**

   Zum Zeitpunkt der Entstehung des Buchs kostete das Spiel 26,95 US-Dollar (ca. 20 Euro).

   Wenn Sie den Button nicht anklicken können, sind Sie wahrscheinlich nicht eingeloggt (oder Sie haben das Spiel bereits gekauft).

Abbildung 1.1: Das Spiel kaufen

3. **Füllen Sie das Formular zur Bezahlung aus und klicken Sie auf die Schaltfläche PROCEED TO CHECKOUT.**

4. **Folgen Sie den vorgegebenen Schritten, um Ihren Kauf abzuschließen.**

5. **Kehren Sie auf die Minecraft-Homepage zurück. Jetzt sollte der große BUY NOW-Button auf der rechten Bildschirmseite durch DOWNLOAD NOW ersetzt worden sein. Klicken Sie diesen Button an, um die Download-Seite zu öffnen.**

6. **Wenn Sie mit Windows arbeiten, klicken Sie auf DOWNLOAD und speichern Sie die Datei an geeigneter Stelle auf Ihrem Computer.**

   Instruktionen für andere Betriebssysteme finden Sie mit einem Klick auf SHOW ALL PLATFORMS.

7. **Installieren Sie das Spiel mittels Doppelklick auf die Datei.**

   Ihre Zahlung wird Ihrem Account sofort gutgeschrieben. Wenn nötig, können Sie die Datei auch erneut kostenlos herunterladen. Über die Minecraft-Homepage können Sie auch über Ihren Browser spielen – klicken Sie dazu den Link unter dem Button DOWNLOAD NOW an.

Das Spiel

Sobald Sie Minecraft installiert haben, können Sie loslegen. Dazu rufen Sie das Startprogramm auf, das Sie heruntergeladen haben.

Einloggen und Steuerung des Hauptmenüs

Das Startprogramm öffnet die News-Seite mit Spiele-Updates und Links. Geben Sie Ihren Benutzernamen und Ihr Passwort ein und klicken Sie auf LOGIN. Anschließend klicken Sie auf PLAY. Es öffnet sich das in Abbildung 1.2 gezeigte Hauptmenü.

Abbildung 1.2: Hauptmenü

Sie finden im Hauptmenü die folgenden Buttons:

✔ SPRACHE: Klicken Sie zuerst auf das Weltkugelsymbol links von der Schaltfläche OPTIONEN. Wählen Sie hier DEUTSCH (DEUTSCHLAND), damit sich die Minecraft-Benutzeroberfläche auf Deutsch präsentiert. Bestätigen Sie mit einem Klick auf FERTIG.

✔ EINZELSPIELER: Beginnen Sie oder führen Sie ein Spiel im Basismodus fort. In diesem Kapitel werden die Optionen für den Beginn eines Spiels als Einzelspieler erläutert.

✔ MEHRSPIELER: Spielen Sie mit anderen Spielern online. Mehr Informationen zum Mehrspieler-Modus finden Sie in Kapitel 9, »Im MultiPlayer-Modus spielen und Cheats nutzen«.

✔ OPTIONEN: Hier können Sie Einstellungen für Optionen wie Musik, Geräusche, Grafik, Mausempfindlichkeit, Schwierigkeitsgrad und allgemeine Einstellungen vornehmen.

✔ SPIEL BEENDEN: Schließt das Fenster, es sei denn, Sie befinden sich im Online-Modus.

Ihr erstes Spiel im Einzelspieler-Modus

Zum Einstieg gehen Sie folgendermaßen vor:

1. **Klicken Sie auf** Einzelspieler. **Es öffnet sich eine Liste mit Ihren Welten.**

   Wenn Sie Minecraft das erste Mal spielen, ist diese Liste leer.

2. **Klicken Sie den Button** Neue Welt erstellen **an, um ein neues Spiel zu starten.**

   Wie in Abbildung 1.3 gezeigt, öffnet sich die Seite Neue Welt erstellen.

Abbildung 1.3: Eine neue Welt erstellen

3. **Geben Sie im Textfenster einen Namen für Ihre Welt ein und klicken Sie auf** Neue Welt **erstellen.**

   Der Spielmodus und Weitere Weltoptionen werden in Kapitel 10, »Ihr Spielerlebnis anpassen«, vorgestellt.

   Um die *Cheats*, besondere Kräfte, die ein entspannteres Spielerlebnis ermöglichen, zu aktivieren, klicken Sie den Button Weitere Weltoptionen an und dann Cheats erlauben. Cheats machen das Spiel gerade für Anfänger stressfrei, indem sie dem Spieler mehr Kontrolle über die Welt gewähren. In Kapitel 2, »Der Plan für die erste Nacht«, erfahren Sie, wie Sie ein einfaches Cheat einsetzen, um Ihr erstes Spiel zu überleben. Wenn Sie mit den Einstellungen für Ihre Welt fertig sind, startet das Spiel automatisch, generiert Ihre Welt und platziert Ihren Avatar darin.

Die Steuerung kennenlernen

Die Minecraft-Welt (Abbildung 1.4) besteht aus kubischen *Blöcken* aus Erde oder Stein, die Sie abbauen können, um daraus Gebäude zu errichten oder brauchbare Gegenstände herzustellen. Ein Block aus Sand wird als *Sandblock* bezeichnet. Da die Kantenlängen der Blöcke immer einen Meter betragen, werden die meisten Distanzen ebenfalls in Blöcken gemessen: Wenn Sie also von einem Objekt lesen, das sich »3 Blöcke oben« befindet, dann ist das die Distanz vom Boden bis zur Spitze eines Stapels aus drei Blöcken.

Neben dem Bau von Häusern und der Herstellung von Gegenständen müssen Sie sich gegen Monster verteidigen, denen Sie irgendwann von Angesicht zu Angesicht gegenüberstehen. Je weiter das Spiel fortschreitet, desto mehr verschiebt sich Ihr Ziel weg vom Überleben hin zum Bauen, der Ressourcengewinnung und dem Lösen von Aufgaben, sodass Sie Zugriff auf mehr Blöcke und Gegenstände erhalten.

Abbildung 1.4: Das Aussehen von Minecraft

Damit Sie überleben können, müssen Sie wissen, wie man sich fortbewegt, Feinde angreift und die Blöcke handhabt, aus denen die Welt besteht. Tabelle 1.1 listet die Standard-Tastenbelegungen für die Steuerung auf.

 Wenn Sie die Standardtasten neu belegen, kann das später im Spiel zu Verwirrung führen.

Aktion	Steuerung	Auswirkung
Pause	[Esc]	Das Spiel wird angehalten (nur im Einzelspieler-Modus) und es öffnet sich das Spielmenü. Klicken Sie auf Optionen und dann auf Steuerung, um bestimmte Optionen zu ändern. Zudem können Sie hiermit Menüs und andere spielinterne Fenster schließen.
Vorwärts	[W]	Ihr Avatar bewegt sich bei gedrückter [W]-Taste vorwärts. Doppeltes Drücken der Taste lässt den Avatar rennen – und macht ihn hungrig (siehe Kapitel 3, »Langfristige Hindernisse überwinden«).
Rückwärts	[S]	Ihr Avatar bewegt sich zurück.

Aktion	Steuerung	Auswirkung
Links	A	Ihr Avatar bewegt sich nach links.
Rechts	D	Ihr Avatar bewegt sich nach rechts.
Umsehen	Mausbewegung	Ihr Avatar sieht sich um. Mit der Vorwärtssteuerung bewegt sich der Avatar immer in Blickrichtung.
Springen		Ihr Avatar springt immer nur über einen Block. Verwenden Sie diese Taste in unwegsamem Gelände oder um über Spalten zu springen. Auch zum Springen über große Distanzen während des Rennens! Halten Sie beim Schwimmen diese Taste gedrückt, um aufwärts zu schwimmen oder den Kopf über Wasser zu halten.
Angreifen	Linke Maustaste	Ihr Avatar greift in Richtung des Fadenkreuzes in der Mitte des Bildschirms an. Drücken Sie die Taste, um Kreaturen in der Nähe anzugreifen, oder halten Sie die Taste gedrückt, um Blöcke in Ihrer Umgebung abzubauen.
Gegenstand benutzen	Rechte Maustaste	Ihr Avatar benutzt den ausgewählten Gegenstand, wie in Kapitel 2, »Der Plan für Ihre erste Nacht«, beschrieben.
Wegwerfen	Q	Ihr Avatar wirft den ausgewählten Gegenstand weg, wie in Kapitel 2, »Der Plan für Ihre erste Nacht«, beschrieben.
Schleichen	⇧ (links)	Ihr Avatar bewegt sich langsamer, kann aber nicht über Kanten hinausgehen. Im Mehrspieler-Modus (Kapitel 9, »Im MultiPlayer-Modus spielen und Cheats nutzen«) können andere Spieler Ihr Namensschild nicht sehen, wenn ein Block im Weg ist.
Inventar	E	Das Inventar Ihres Avatars wird, wie in Kapitel 2, »Der Plan für Ihre erste Nacht«, beschrieben, gezeigt und alle offenen Menüs mit Ausnahme des Pause-Menüs werden geschlossen.
Chat	T	Das Chat-Menü wird geöffnet. Geben Sie eine Nachricht ein und drücken Sie ↵, um in Mehrspieler-Welten mit Freunden zu kommunizieren oder um Cheat-Kommandos auszuführen.
Spieler auflisten	⇥	Zeigt eine Liste aller Spieler in dieser Welt an (nicht aktiv in Einzelspieler-Welten).
Block auswählen	Mittlere Maustaste	Klicken Sie Blöcke oder Wesen in der Nähe mit der mittleren Maustaste an, um sie in Ihre untere Inventarreihe aufzunehmen, wodurch möglicherweise die ausgewählten Gegenstände ersetzt werden. Das funktioniert nur im Kreativmodus (Kapitel 6, »Durch Erfindergeist überleben«). Wenn Ihre Maus keine mittlere Taste besitzt, können dem Befehl im Pause-Menü eine andere Taste zuweisen.
Befehl	/	Das Chat-Menü wird geöffnet und zeigt ein Slash-Zeichen (/), das für Cheat-Kommandos genutzt wird.
GUI verbergen	F1	Bis auf die Sicht des Spielers auf die Welt werden alle anderen Darstellungen ausgeblendet. Dies eignet sich für das Anfertigen von Screenshots.

Aktion	Steuerung	Auswirkung
Screenshot	F2	Erstellt einen Screenshot von der aktuellen Ansicht (Kapitel 10, »Ihr Spielerlebnis anpassen«).
Leistungs-anzeige	⇧+F3	(Selten genutzt.) Zeigt die aktuelle Leistung des Spiels und alle weiteren Informationen im F3-Menü an.
Statistik anzeigen	F3	Zeigt die Koordinaten Ihres Avatars, das aktuelle Biom und weitere Informationen. Die y-Achse steht senkrecht.
Ansicht ändern	F5	Der Blickwinkel der Kamera wechselt zwischen der Ich-Perspektive (empfohlen) in die Dritte-Person-Perspektive sowie in die Perspektive mit Blick zurück auf den Avatar.
Zeitlupe	F8	Der Mauscursor bewegt sich langsamer (für Aufzeichnung verwendet).

Tabelle 1.1: Standardsteuerung von Minecraft

Gehen Sie herum und erkunden Sie die Welt. Sobald Sie sich mit der Steuerung vertraut gemacht haben und bereit sind, sich den Herausforderungen und dem Vergnügen des Spiels zu stellen, sollten Sie herausfinden, wie man überlebt. In Kapitel 2, »Der Plan für Ihre erste Nacht«, erfahren Sie alles, was nötig ist, um Ihre erste Nacht zu überstehen.

Das Head-Up Display (HUD)

Die Symbolleiste am unteren Rand des Bildschirms nennt sich *Head-Up Display* oder *HUD*. Das HUD zeigt die wichtigen Details über Ihren Avatar in vier Bereichen an (siehe Abbildung 1.5):

Abbildung 1.5: Head-Up Display

✔ **Gesundheitsbalken:** Die zehn Herzen spiegeln die Gesundheit Ihres Avatars wider. Wenn Ihr Avatar verletzt wird, reduzieren sich die Herzen. Sind alle zehn Herzen verbraucht, stirbt Ihr Avatar und erscheint wieder an seinem *Startpunkt* (im Spielerjargon *Spawnpunkt* genannt). Die Position kann durch Schlafen in einem Bett geändert werden.

Verletzungen erleidet Ihr Avatar durch Stürze von vier Blocks hohen Vorsprüngen, durch die Kollision mit gefährlichen Blöcken oder Wesen oder durch andere Gefahren wie Ertrinken. Wenn Sie sich mit einer Rüstung ausstatten (siehe Kapitel 4, »Blöcke und Gegenstände«), erscheint oberhalb des Gesundheitsbalkens der Rüstungsbalken, der die Stärke Ihres Schutzes anzeigt.

✔ **Inventar:** Die neun Felder enthalten die von Ihnen gesammelten Gegenstände, auf die Sie ohne Drücken der Taste (E) Zugriff haben. Sie können die Zifferntasten (1) bis (9) oder das Scrollrad der Maus verwenden, um einen Gegenstand auszuwählen. Mit einem Klick auf die rechte Maustaste können Sie den gewählten Gegenstand verwenden. Wenn Sie ein Schwert benutzen oder ein Werkzeug wie eine Axt, um Blöcke schneller aufzubrechen, wird der Gegenstand automatisch nach einem Klick auf die linke Maustaste funktionsfähig. (Mehr Informationen zum Inventar erhalten Sie in Kapitel 2,»Der Plan für Ihre erste Nacht«.)

✔ **Erfahrung:** Der grüne Erfahrungsbalken füllt sich, sobald Sie *Erfahrungskugeln* sammeln. Diese Kugeln erscheinen, wenn Sie Monster bekämpft, Gegenstände in einem Ofen geschmolzen, Tiere gezüchtet oder Erze mit Ausnahme von Eisen und Gold gefördert haben. Wenn der Balken voll ist, erscheint eine Ziffer, die Ihr Erfahrungslevel angibt. Für die Benutzung des Ambosses oder Zaubertisches (mehr darüber in Kapitel 6,»Durch Erfindergeist überleben«) brauchen Sie Erfahrungspunkte und Sie verlieren sie, wenn Sie sterben.

✔ **Hungerbalken:** Dieser Balken zeigt den Zustand Ihrer Versorgung mit Nahrung an. Je leerer der Balken, desto hungriger sind Sie. Hunger hat im Spiel eine große Bedeutung und wird deshalb in Kapitel 3,»Langfristige Hindernisse überwinden«, ausführlich behandelt.

✔ **Atem:** Wenn Sie mit dem Kopf unter Wasser geraten, erscheinen zehn Blasen über dem Hungerbalken, die nacheinander zerplatzen. Dies signalisiert, wie lange Sie die Luft anhalten können. Wenn alle Blasen zerplatzt und Sie immer noch unter Wasser sind, beginnt sich der Gesundheitsbalken zu leeren.

 Behalten Sie den Gesundheits- und den Hungerbalken sorgfältig im Auge und organisieren Sie Ihr Inventar in der Leiste so, dass Sie schnellen Zugriff darauf haben.

Der Plan für Ihre erste Nacht

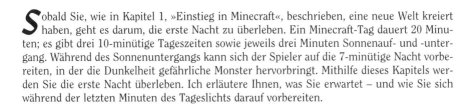

In diesem Kapitel

▷ Einen Spielplan ausarbeiten

▷ Ressourcen beschaffen

▷ Eine Operationsbasis errichten

▷ Einen Tag und eine Nacht überleben

Sobald Sie, wie in Kapitel 1, »Einstieg in Minecraft«, beschrieben, eine neue Welt kreiert haben, geht es darum, die erste Nacht zu überleben. Ein Minecraft-Tag dauert 20 Minuten; es gibt drei 10-minütige Tageszeiten sowie jeweils drei Minuten Sonnenauf- und -untergang. Während des Sonnenuntergangs kann sich der Spieler auf die 7-minütige Nacht vorbereiten, in der die Dunkelheit gefährliche Monster hervorbringt. Mithilfe dieses Kapitels werden Sie die erste Nacht überleben. Ich erläutere Ihnen, was Sie erwartet – und wie Sie sich während der letzten Minuten des Tageslichts darauf vorbereiten.

Ausarbeiten eines Spielplans

Nachdem Ihr Avatar erschienen ist, müssen Sie einen Lebensraum mit einigen Bäumen und einer flachen, zum Bau eines Hauses geeigneten Fläche finden. Halten Sie zu Beginn eines Spiels immer nach Bäumen Ausschau, denn für fast alle notwendigen Gegenstände brauchen Sie Holz. Um die erste Nacht überleben zu können, stellen Sie folgende Gegenstände her:

✔ Werkbank

✔ Truhe

✔ Unterkunft mit Tür

Außerdem können Sie weitere sinnvolle, aber nicht lebensnotwendige Dinge für die erste Nacht herstellen:

✔ Werkzeuge aus Holz und Stein

✔ Fackeln

✔ Ofen

✔ Bett

In diesem Kapitel erfahren Sie, wie Sie diese Gegenstände herstellen.

Wenn Sie beginnen, Ihre neue Welt zu gestalten, stellen Sie unter Umständen fest, dass die Sonne zu schnell untergeht. Wenn das der Fall sein sollte, drücken Sie ⎡Esc⎤, um das Pause-Menü zu öffnen. Wählen Sie dann OPTIONEN und klicken Sie so oft den Schwierigkeitsgrad an, bis FRIEDLICH dahinter steht. Diese Option macht die Welt viel sicherer und Ihre Lebenskraft kann sich regenerieren. Wenn Sie Cheats für Ihre Welt eingestellt haben (siehe Kapitel 1, »Einstieg in Minecraft«), können Sie stattdessen ⎡T⎤ drücken, dann /time set 0 eintippen und ⎡↵⎤ drücken, um einen frühen Sonnenaufgang zu veranlassen.

Verwendung des Inventars

Bevor Sie Material sammeln und Gegenstände herstellen, sollten Sie wissen, wie die Inventarleiste zu bedienen ist. Die neun Felder am unteren Rand des Spielbildschirms enthalten die von Ihnen erworbenen Gegenstände. Wenn Sie zum Beispiel einen Holz- oder Erdblock abbauen (siehe Kapitel 1, »Einstieg in Minecraft«), taucht ein Gegenstand auf und wird automatisch in eines der Inventarfelder gelegt. Diese neun Felder repräsentieren ein Viertel Ihres Inventars.

Damit Sie Ihr gesamtes Inventar, wie in Abbildung 2.1 gezeigt, sehen können, drücken Sie ⎡E⎤ (oder die entsprechend zugewiesene Taste, wie in Kapitel 1, »Einstieg in Minecraft«, beschrieben).

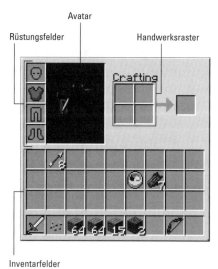

Abbildung 2.1: Inventar-Fenster

Sie sollten mit den folgenden vier Inventar-Komponenten vertraut sein:

✔ **Inventarfelder:** Das sind die vier Felderreihen im unteren Teil des Bildschirms, die Ihre Gegenstände zeigen. Auswählen können Sie die Gegenstände in der Inventarleiste im Spielfenster mit den Tasten ⬚1 bis ⬚9 oder mit dem Scrollrad.

✔ **Handwerksraster:** Ein 2 mal 2 Felder großes Quadrat mit einem nach rechts auf ein weiteres Feld deutenden Pfeil. Wenn Sie wichtige Dinge wie Fackeln oder eine Pilzsuppe herstellen wollen, ziehen Sie die Bestandteile in das Raster, damit das Ergebnis am anderen Ende des Pfeils erscheint.

✔ **Avatar:** Ein Feld, in dem Ihre Figur mit ihrem aktuellen Aussehen dargestellt wird. Der Avatar verändert sich, wenn Ihre Figur sitzt oder schläft, eine Rüstung trägt, durch Pfeile getroffen wird, Unsichtbarkeits-Trank trinkt, in Brand gerät und so weiter.

✔ **Rüstungsfelder:** Die vier Felder links neben dem Avatar stellen einen Helm, ein Oberteil, Hosen und Stiefel dar. Wenn Sie im Verlauf des Spieles an Rüstungsgegenstände gelangen, können Sie diese in die Felder einfügen. Wenn Sie mit gedrückter ⬚-Taste auf einen Rüstungsgegenstand klicken, fügen Sie ihn automatisch in das entsprechende Feld ein. Weitere Informationen zur Rüstung finden Sie in Kapitel 3, »Langfristige Hindernisse überwinden«.

Da die meisten Dinge *stapelbar* sind, lassen sich mehrere gleiche Teile wie Holzbretter oder Steaks in einem Inventar-Feld unterbringen; weist ein Gegenstand in Ihrem Inventar eine weiße Ziffer auf, zeigt das an, wie viele Exemplare Sie davon besitzen. Von den meisten stapelbaren Dingen können Sie bis zu 64 Exemplare in ein Feld packen. Werkzeuge, Waffen und Rüstungen lassen sich nicht stapeln. Von manchen Dingen wie Perlen oder Schneebällen können nicht mehr als 16 Stück gesammelt werden.

Handhabung Ihres Inventars

Innerhalb der kompletten Inventarübersicht können Sie die Gegenstände mit den folgenden Befehlen handhaben:

✔ **Aufnehmen der Gegenstände in einem Inventarfeld:** Klicken Sie ein Feld an, um die darin befindlichen Gegenstände aufzunehmen.

✔ **Aufnehmen der Hälfte der Gegenstände in einem Inventarfeld:** Klicken Sie mit der rechten Maustaste in ein Feld, um (aufgerundet) die Hälfte der Gegenstände aufzunehmen.

✔ **Platzieren der aufgenommenen Gegenstände:** Klicken Sie, nachdem Sie einen oder mehrere Gegenstände aufgenommen haben, zum Ablegen in ein leeres Feld.

✔ **Platzieren eines von mehreren Gegenständen:** Um *einen* von mehreren Gegenständen abzulegen, klicken Sie mit der rechten Maustaste in ein leeres Feld. Die restlichen Gegenstände bleiben auf dem Cursor. Klicken Sie die rechte Maustaste mehrmals an, um mehrere Teile abzulegen.

Wenn Sie einen Gegenstand aufgenommen haben, können Sie zudem außerhalb der Inventaranzeige den Bildschirm anklicken, um den Gegenstand auf den Boden zu legen. Bei geschlossener Inventarübersicht können Sie mit den Zifferntasten [1] bis [9] einen Gegenstand aus der Inventarleiste am Fuß des Fensters auswählen und mit der Taste [0] ablegen. Auch wenn ein Stapel vorhanden ist, wird immer nur ein Stück ausgeworfen.

Wenn Sie Minecraft das erste Mal spielen, bearbeiten Sie zunächst nahe gelegene Blöcke (wie im Abschnitt »Bäume ernten« in diesem Kapitel beschrieben), und schieben Sie sie im Inventarbereich hin und her, um sich damit vertraut zu machen.

Vorbereitungen für Ihre erste Nacht

Vor Einbruch der Nacht sollten Sie ein paar Aufgaben erledigen. Beginnen Sie mit dem Lebensnotwendigen:

✔ **Ernten Sie Bäume.** So können Sie Bretter sammeln.

✔ **Bauen Sie eine Werkbank.** Nun können Sie mit der Produktion beginnen.

✔ **Bauen Sie eine Truhe.** Sie schützt Ihre Gegenstände davor, abhandenzukommen.

✔ **Bauen Sie eine Unterkunft.** Sie schützt *Sie* vor Angriffen.

Bäume ernten

Beginnen Sie mit dem Herstellungsprozess, indem Sie Bäume in der Umgebung fällen. Alles, was Sie zur Errichtung Ihrer Unterkunft benötigen, ist aus Holz und so kommen Sie am schnellsten zum benötigten Material. Halten Sie nach einem Ort mit vielen Bäumen Ausschau. (Wenn Sie zu weit von irgendwelchen Pflanzen entfernt sind, erstellen Sie am besten eine neue Welt.) Die Bäume bestehen aus Holz- und Laubblöcken. Um einen Block vom Baum loszubrechen, folgen Sie diesen Schritten:

1. **Gehen Sie zu einem Baum (siehe Kapitel 1, »Einstieg in Minecraft«).**

2. **Richten Sie das Fadenkreuz mit der Maus auf einen Block des Baums.**

   Um den Block zu bearbeiten, bis er abgebaut ist, klicken Sie auf die linke Maustaste und halten Sie sie gedrückt.

3. **Sammeln Sie den dabei entstehenden Gegenstand ein.**

   Der Gegenstand sollte direkt vor Ihnen landen. Sollten Sie nicht nah genug dran sein, um ihn aufzuheben, gehen Sie einfach zu ihm hin. Der Gegenstand wird in die Inventarleiste am Fuß des Bildschirms eingefügt.

Ignorieren Sie vorläufig das Laub, das ohne weiteres Zutun für gewöhnlich verrottet. Zerstörte Laubblöcke bringen manchmal Setzlinge hervor, die Sie für die Herstellung der in diesem Kapitel beschriebenen Gegenstände nicht brauchen.

Werkbank, Truhe und Unterkunft bauen

Für Werkbank und Truhe werden Holzbretter benötigt. Folgen Sie diesen Schritten, um aus den gesammelten Holzblöcken Bretter zu machen:

1. Drücken Sie E, um zur Inventarübersicht zu gelangen.

2. Klicken Sie ein Feld an, um die darin befindlichen Holzblöcke aufzunehmen, und klicken Sie dann in ein leeres Feld in Ihrem Handwerksraster, um die Blöcke dort zu platzieren.

   Wie Sie in Abbildung 2.2 sehen, erscheinen neben dem Raster vier Holzbretter.

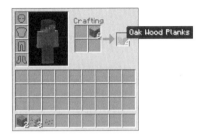

Abbildung 2.2: Herstellung von Brettern

3. Klicken Sie das Feld mit den Brettern an.

   Ein Holzblock verschwindet und vier Bretter erscheinen auf Ihrem Mauscursor!

4. Klicken Sie das Feld mit den Brettern noch ein paar Mal an, um alle Bretter aufzunehmen, oder klicken Sie mit gedrückter ⇧-Taste, um die Bretter direkt ins Inventar einzufügen.

   Die Bretter lassen sich als Bausteine oder zur Herstellung einer Werkbank und einer Truhe verwenden.

Werkbank

Das Handwerksraster Ihres Avatars ist 2 mal 2 Felder groß (siehe Abbildung 2.2), doch zur Herstellung mancher überlebensnotwendiger Dinge muss das Raster 3 mal 3 Felder groß sein. Um das größere Raster freizuspielen, bauen Sie eine Werkbank. Folgen Sie dazu diesen Schritten:

1. Drücken Sie E, um die Inventaranzeige zu öffnen.

2. Klicken Sie ein Feld mit Brettern an, dann klicken Sie mit der rechten Maustaste in jedes Feld des Handwerksrasters, um die vier Bretter zu verteilen.

   Rechts erscheint eine Werkbank, wie in Abbildung 2.3 gezeigt.

3. Um die Werkbank aufzunehmen, klicken Sie sie an. Mit einem weiteren Klick in die Inventarleiste im Spielfenster platzieren Sie dort die Werkbank.

Werkbank

Abbildung 2.3: Die Werkbank

 Bei geschlossener Inventaranzeige haben Sie nur dann Zugriff auf einen Gegenstand, wenn er sich in der Inventarleiste am Fuß des Spielbildschirms befindet. Diese Leiste wird immer angezeigt.

4. **Drücken Sie** E **oder** Esc **, um die Inventaranzeige zu schließen.**

5. **Wählen Sie die Werkbank mit den Zifferntasten** 1 **bis** 9 **oder mit dem Scrollrad aus.**

Die Werkbank erhält eine dicke, weiße Konturlinie.

 Zum Auswählen von Gegenständen können Sie die Zifferntasten oder das Scrollrad verwenden. Platzieren Sie die wichtigsten Gegenstände in den Feldern, die Sie schnell erreichen können.

6. **Klicken Sie mit der rechten Maustaste auf eine nahegelegene Fläche, um die Werkbank zu platzieren.**

Mit einem Rechtsklick auf die Werkbank öffnet sich eine der Inventaransicht ähnliche Anzeige mit einem erweiterten Handwerksraster. Dieses Raster verwenden Sie für alle Bauanleitungen, als Erstes für den nachfolgend beschriebenen Bau der Truhe.

Truhe

Sie können die Truhe als Lager in Ihrer Welt aufstellen und mit Dingen füllen. Das ist von großem Vorteil, denn wenn Ihr Avatar stirbt, verlieren Sie alle Dinge, aber *nicht* die im Lager. Die Truhe bauen Sie folgendermaßen:

1. **Öffnen Sie mit einem Rechtsklick auf die Werkbank das erweiterte Handwerksraster.**

2. **Vergewissern Sie sich, dass Sie mindestens acht Bretter besitzen.**

Falls nicht, fällen Sie weitere Bäume und klicken Sie dann mit der rechten Maustaste auf die Werkbank.

3. **Nehmen Sie mit einem Klick Ihre Bretter auf und verteilen Sie sie mit Rechtsklicks in den Feldern des Handwerksrasters. Das mittlere Feld bleibt leer.**

   Mit dieser Anordnung entsteht eine Truhe. Sie erscheint rechts neben dem Pfeil.

4. **Nehmen Sie die Truhe mit einem Klick auf und klicken Sie dann ein Feld in der Inventarleiste am Fuß der Seite an, um sie dort abzulegen.**

5. **Drücken Sie E oder Esc zum Schließen des Handwerksrasters.**

6. **Klicken Sie mit der rechten Maustaste auf eine Fläche, um die Truhe dort zu positionieren.**

Mit einem Rechtsklick auf die Truhe öffnet sich ein weiteres Raster, fast so groß wie das Inventar. Gegenstände können hier sicher verwahrt werden. Mit ⌂-Klick können Sie Gegenstände aus dem Inventar in die Truhe legen und umgekehrt. Bewahren Sie zu Anfang einen Großteil Ihrer Wertsachen in der Truhe auf. Sobald Sie mit dem Spiel besser vertraut sind, können Sie mehr Gegenstände im Inventar bei sich haben – nur für den Fall.

Platzieren Sie keinen Block direkt über einer Truhe, da sie sich dann nicht öffnen lässt.

Platzieren Sie eine zweite Truhe neben der ersten, entsteht eine verlängerte Truhe mit dem doppelten Fassungsvermögen.

Unterkunft und Tür

Das Herumwandern im Freien ist bei Tageslicht gewöhnlich kein Problem, doch nachts wird Ihre Umgebung viel gefährlicher. Wenn Ihre Tageslichtminuten dahinschwinden und Sie sich nicht zum Kampf bereit fühlen (was am ersten Tag ziemlich sicher der Fall sein wird), brauchen Sie einen Unterschlupf. Indem Sie viele der von Ihnen gesammelten Blöcke platzieren, bauen Sie Unterkünfte, Häuser und andere Gebäude.

Wenn Sie Erfahrung gesammelt haben, können Sie Ihren eigenen architektonischen Plan entwickeln. Zum Bau einer ersten einfachen Unterkunft gehen Sie folgendermaßen vor:

1. **Suchen Sie einen guten Bauplatz.**

   Auf flachem Gelände ist das Bauen am einfachsten, doch Sie können sich jeden für ein Häuschen denkbaren Ort aussuchen. Denken Sie daran, dass Sie ein unebenes Gelände durch den Abbau und die Neuverteilung von Erde ebnen können.

2. **Wählen Sie mit den Zifferntasten 1 bis 9 einen Block in Ihrer Inventarleiste aus und platzieren Sie ihn mit einem Rechtsklick am gewünschten Ort. Platzieren Sie weitere Blöcke in einem angenehmen Grundriss für Ihre Operationsbasis (siehe Abbildung 2.4).**

Abbildung 2.4: Aufbau Ihrer Basis

Gewöhnlich bilden Sie mit Brettern einen rechteckigen Rahmen, doch Sie können im Notfall auch Erdblöcke sammeln und sie für den Bau einsetzen. Zusätzlich benötigen Sie eine Tür. Lassen Sie deshalb eine Öffnung in Ihrem Rechteck frei. Sie können das Rechteck um Ihre Werkbank und die Truhe herum errichten und so von Ihrem Heim aus arbeiten.

3. **Setzen Sie eine zweite Lage von Blöcken auf die erste Lage.**

Ein Gebäude mit einer Höhe von zwei Blöcken schützt Sie ausreichend vor Monstern.

Nun benötigen Sie eine Tür, damit Sie eine einfache Möglichkeit haben, Ihr Haus zu verlassen und zu betreten. Für die Tür nutzen Sie Ihre Werkbank. Gehen Sie folgendermaßen vor:

1. **Öffnen Sie mit einem Rechtsklick auf die Werkbank das Handwerksraster.**

2. **Ordnen Sie sechs Holzbretter in zwei nebeneinanderliegenden Spalten des Rasters an.**

Mit dieser Anordnung entsteht eine Tür.

3. **Fügen Sie die Tür in Ihre Inventarleiste ein.**

4. **Platzieren Sie die Tür mit einem Rechtsklick an der von Ihnen gewünschten Stelle.**

Sie müssen die Öffnung in der Wand eventuell ein wenig verbreitern, damit die Tür eingepasst werden kann.

5. **Mit einem Rechtsklick auf die Tür lässt sie sich öffnen und schließen.**

 Wenn Sie eine Tür vor sich platzieren, öffnet sie sich bei Rechtsklick von Ihnen weg. Für gewöhnlich wird eine Tür von außen am Gebäude installiert, sodass sie sich nach innen öffnet.

Abbildung 2.5 zeigt eine fertige Unterkunft mit Tür.

Abbildung 2.5: Herstellung einer Tür und Fertigstellung der Unterkunft

 Um einen Block unter sich zu platzieren, springen Sie in die Luft, machen gleichzeitig einen Rechtsklick und schauen direkt nach unten. Diese beliebte Bau-Methode wird als *Säulenspringen* bezeichnet. Wenn Sie diese Strategie wiederholt anwenden, lassen sich auf effektive Weise höhere Gebäude errichten.

Das war's – eine einfache Unterkunft gewährleistet in der Regel Ihre Sicherheit in der Nacht.

Weitere Aktivitäten für den ersten Tag

Nachdem Sie sich mit der Herstellung von Werkbank, Truhe und Haus um die wichtigsten Aufgaben gekümmert haben, können Sie sich amüsanten Beschäftigungen zuwenden: erkunden, bauen, sammeln, kämpfen und sich mit neuen Erfindungen beschäftigen. Im folgenden Abschnitt finden Sie wichtige Informationen, was Sie mit den letzten Minuten Tageslicht anfangen können.

 Kapitel 4, »Blöcke und Gegenstände«, und der Anhang bieten Ihnen zusätzliche Informationen zu Gegenständen, Blöcken und weitere Bauanleitungen.

Stöcke und Werkzeuge aus Holz

Stöcke und Werkzeuge aus Holz sind Ihre Ausgangsbasis, um viele brauchbare Gegenstände herzustellen. Zur Herstellung von Stöcken öffnen Sie die Werkbank und fügen jeweils zwei Bretter senkrecht nebeneinander in das Raster ein. Zwei Bretter ergeben je vier Stöcke.

Die Stöcke sind als solche nicht zu verwenden, doch aus ihnen lassen sich verschiedene andere Gegenstände herstellen. Durch die Anordnung von Stöcken und Brettern im Handwerksraster können Sie Werkzeuge aus Holz herstellen. Damit lassen sich Blöcke abbauen und Sie können sie zum Kampf nutzen. Zwar gehen Holzwerkzeuge schnell kaputt und Sie können nur langsam damit arbeiten; aber für den Anfang sind sie sehr brauchbar.

Hier eine Zusammenfassung der Holzwerkzeuge, die Sie herstellen können (die Anleitungen finden Sie in Kapitel 4, »Blöcke und Gegenstände« oder im Anhang:

✔ **Spitzhacke aus Holz:** Dieses Werkzeug dient zum Abbau von Steinblöcken. (Wenn Sie versuchen, Steine von Hand zu brechen, dauert das sehr lange und bringt noch nicht einmal einen Gegenstand hervor.) Oft ist eine Spitzhacke aus Holz das einzige Werkzeug aus Holz, das Sie brauchen. Mit einer Spitzhacke geht die Arbeit viel schneller voran. Sorgen Sie deshalb dafür, dass sich für einen schnellen Zugriff immer eine Spitzhacke in der Inventarleiste befindet. Mit der Spitzhacke abgebaute Steine werden zu Pflastersteinen, die für steinerne Erzeugnisse benötigt werden (siehe Kapitel 4, »Blöcke und Gegenstände«, über das Steinzeitalter).

✔ **Holzaxt:** Zur schnelleren Bearbeitung von Holzblöcken.

✔ **Holzschaufel:** Baut Blöcke aus Erde, Sand und Kies schneller ab.

✔ **Holzhacke:** Zum Bestellen von Acker- oder Grasland für den Anbau von Weizen, Karotten, Kartoffeln, Melonen und Kürbissen (siehe Kapitel 5, »Bergbau und Landwirtschaft«).

✔ **Holzschwert:** Fügt Feinden schweren Schaden zu.

 Sobald Sie ein Werkzeug benutzen, erscheint darunter eine grüne Leiste, die seine _Lebensdauer_ repräsentiert. Im Laufe der Nutzung nimmt die Lebensdauer langsam ab. Wenn sie abgelaufen ist, zerbricht das Werkzeug und Sie müssen ein neues herstellen.

Pflastersteine und Kohle

Pflastersteine sind brauchbares Bau- und Handwerksmaterial. Dieses Material gewinnen Sie durch den Abbau von Stein (gewöhnliche graue Blöcke) mit einer Spitzhacke. Sie können nach Stein graben oder nach einer Höhle, einem Berg oder einem Steilhang mit sichtbarem Steinanteil Ausschau halten.

In diesem Abschnitt erfahren Sie auch etwas über das im Spiel am häufigsten vorkommende Erz und wie Sie es abbauen und nutzen. Abbildung 2.6 zeigt verschiedene wichtige, auf Stein und Kohle basierende Gegenstände: Steine, Pflastersteine, Kohle, Steinwerkzeuge, eine Fackel und einen Ofen.

Die folgende Liste erläutert, wie Sie an diese Dinge kommen:

✔ **Steinwerkzeuge:** Sie werden in derselben Weise hergestellt wie Werkzeuge aus Holz, nur aus Pflastersteinen statt aus Brettern. Steinwerkzeuge sind schneller und haben die doppelte Lebensdauer. Außerdem lassen sich mit der Steinspitzhacke Lapislazuli und Eisenerz abbauen (beschrieben in Kapitel 4, »Blöcke und Gegenstände«).

✔ **Ofen:** Besteht aus acht Pflasterstein-Blöcken. Nach einem Rechtsklick auf den Ofen öffnet sich ein neues Fenster mit zwei Eingabefeldern und einem Ausgabefeld. Geben Sie Brennstoff in das untere Feld und einen Gegenstand in das obere, um den Brennvorgang zu starten. Weitere Informationen zur Nutzung des Ofens finden Sie in Kapitel 4, »Blöcke und Gegenstände«.

Abbildung 2.6: Wichtige Dinge aus Stein und Kohle

✔ **Kohle:** Dient zur Herstellung von Fackeln und als Brennstoff für den Ofen. Kohle gewinnt man durch den Abbau von Kohlenerz, das meist unterirdisch, manchmal aber auch oberirdisch zu finden ist. Sie können auch Holzblöcke im Ofen verbrennen, um Holzkohle zu erzeugen, die dieselben Eigenschaften besitzt.

✔ **Fackel:** Wenn sie auf dem Boden oder an der Wand platziert wird, dient sie als Lichtquelle. Fackeln sind immer wichtig, denn die Dunkelheit bringt Monster hervor – und Sie wollen ihnen lieber nicht an den von Ihnen aufgesuchten Orten begegnen. Zur Herstellung von vier Fackeln benötigen Sie eine Stange und einen Brocken Kohle.

Bett

Das äußerst wichtige Bett lässt Sie die Nacht sicher durchschlafen – unbehelligt aller Gefahren –, solange Sie nicht von Monstern verfolgt werden. Zur Herstellung eines Bettes benötigen Sie Wollblöcke, die Sie bekommen, indem Sie Schafe töten, die in Gegenden mit Gras umherstreifen. Drei Wollblöcke und drei Bretter ergeben ein Bett. Platzieren Sie das Bett in Ihrer Unterkunft. Mit einem Rechtsklick auf das Bett gehen Sie schlafen!

Zwei Nachrichten können auf dem Bildschirm erscheinen und Sie vom Schlafen abhalten:

✔ *Sie dürfen nur nachts schlafen.* Warten Sie etwas, bis die Sonne weiter untergegangen ist, und versuchen Sie es erneut.

✔ *Sie dürfen jetzt nicht ausruhen, es sind Monster in der Nähe.* Sie müssen herausfinden, welche Kreatur versucht, Sie zu töten, und sie erledigen, bevor Sie schlafen gehen.

Arbeiten Sie bis zum Anbruch der Nacht an den im vorigen Abschnitt des Kapitels erwähnten Gegenständen. Dann beginnt der aufregende Teil!

Vorbereitung aufs Überleben

Sie *werden* sich in der Nacht Gefahren gegenübersehen, es sei denn, Sie haben den Schwierigkeitsgrad FRIEDLICH eingestellt. Die folgenden fünf Arten von Feinden tauchen während der Nacht auf (falls Sie es noch nicht getan haben, werfen Sie einen Blick auf die Standardsteuerung in Kapitel 1, »Einstieg in Minecraft«):

✔ **Creeper** sind die häufigsten Feinde – diese niedlichen grünen Strauch-Monster bewegen sich auf Sie zu, fauchen Sie an und explodieren, wodurch Sie verletzt und Blöcke in der Umgebung zerstört werden. Greifen Sie an, indem Sie rennen (Taste [W] zwei Mal drücken), um die Creeper zurückzuschlagen, bevor sie explodieren. Wenn Sie einen höheren Schwierigkeitsgrad wählen, können die Creeper Ihren Avatar *mit einem Schuss* töten.

✔ **Endermen** tauchen selten in der ersten Nacht auf, aber früher oder später werden Sie einem begegnen. Bringen Sie diese Monster nicht gegen sich auf – sie sind selbst für erfahrene Spieler eine Herausforderung. Endermen greifen normalerweise nicht an, doch wenn Sie das Fadenkreuz auf einen richten, wendet er sich Ihnen zu und starrt Sie an, bereit Sie anzugreifen, sobald Sie das Fadenkreuz von ihm wegrichten. Wenn Sie eine dieser Kreaturen unglücklicherweise verärgert haben, nehmen Sie sich vor ihren mächtigen Attacken und Teleportationskräften in Acht. Ihre Schwachstellen sind Wasser und Sonnenlicht.

✔ **Skelette** sind ausgesprochen verschlagen – sie nähern sich Ihnen taktisch klug und feuern dann Pfeile auf Sie ab. Skelette sind unfehlbare Bogenschützen. Verstecken Sie sich deshalb hinter Blöcken, um ihnen aus dem Weg zu gehen. Je näher Sie ihnen sind, desto schneller schießen sie. Es ist also das Beste, sich anzuschleichen.

✔ **Spinnen** haben relative wenig Lebenskraft, doch sind sie schnell, klein und sprunghaft, sodass man sie nur schwer erwischt. Sie können außerdem Wände hochklettern, seien Sie also bereit, Ihre Unterkunft zu verteidigen.

✔ **Zombies** sind relativ leicht zu überwältigen, wenn Sie sie kommen sehen. Sie besitzen mehr Lebenskraft als andere Feinde, bewegen sich jedoch langsam. Geben Sie ihnen keine Möglichkeit, sich so lange mit Ihnen zu beschäftigen, bis andere Monster auf Sie aufmerksam werden!

 Ihre Angriffe fügen mehr Schaden zu, wenn Sie springen. Das erkennen Sie an den Funken, die über einem Feind erscheinen, wenn Sie einen »Sprungangriff« landen. Passen Sie aber auf: Springen macht hungrig. (Lesen Sie mehr über Hunger in Kapitel 3, »Langfristige Hindernisse überwinden«.)

Wenn es Tag wird, wird die Welt sicherer. Untote verbrennen im Sonnenlicht, Spinnen greifen nicht mehr an und Endermen verschwinden, weil sie sich vom schmerzenden Licht wegteleportieren; Creeper sind immer noch gefährlich, doch auch sie verschwinden schließlich. Egal wie viele Tode Ihr Avatar gestorben ist – Sie können von sich behaupten, die erste Nacht überlebt zu haben. Sobald Sie einige Arbeiten erledigt und in anderen Kapiteln mehr über das Spiel erfahren haben, kann Ihre kleine Unterkunft eine Bastion der Macht und des Reichtums werden.

Langfristige Hindernisse überwinden

3

In diesem Kapitel

▸ Hunger bekämpfen

▸ Mineralien abbauen und Ressourcen aufstocken

▸ Den Nether erforschen und zum Ende vordringen

---

*N*achdem Sie die in Kapitel 2, »Der Plan für Ihre erste Nacht«, umrissenen Grundzüge der Einrichtung und Sicherheit verstanden haben, informieren Sie sich in diesem Kapitel über die fortgeschrittenen Konzepte des Spiels: Sie erfahren, wie Sie wohlgenährt bleiben, Reichtümer ansammeln und den letzten Kampf aufnehmen, um anschließend in Ihre Welt zurückzukehren.

Hunger verstehen und vermeiden

Hunger ist auf lange Sicht ein gefährliches Hindernis – es lohnt sich, ihn so effizient wie möglich zu überwinden. Die Nahrungsleiste im unteren Bildschirmbereich zeigt Ihnen, dass Sie mit der Zeit hungrig werden. Um dieses Problem zu lösen, benötigen Sie Nahrung (in Kapitel 1, » Einstieg in Minecraft«, haben Sie mehr über die Nahrungsleiste erfahren).

Die Nahrungsaufnahme stellt die Gesundheit Ihres Avatars mit der Zeit indirekt wieder her. Deshalb sollten Sie stets mindestens neun oder zehn Einheiten auf der Nahrungsleiste haben. Die Hungersymptome hängen vom Schwierigkeits-Level ab.

Wenn Sie nicht gerade im Modus FRIEDLICH spielen, wird Ihr Avatar hungriger, wenn er in Aktion tritt: Am schnellsten wird er beim Rennen (durch doppeltes Drücken der ⍈-Taste) hungrig; aber auch Springen oder die Wiederherstellung nach Verletzungen steigert den Hunger Ihres Avatars.

 Wenn die Nahrungsleiste nur noch höchstens drei Einheiten hat, können Sie nicht mehr sprinten.

Die Auswirkungen von Hunger (bei einer leeren Nahrungsleiste) hängen vom momentanen Schwierigkeitsgrad ab, wie in Tabelle 3.1 gezeigt.

Um die Nahrungsleiste aufzufüllen, suchen Sie sich Nahrung – wie es geht, erfahren Sie im nächsten Abschnitt.

Schwierigkeitsgrad	Auswirkungen auf die Gesundheitsleiste
Friedlich	Die Gesundheitsleiste nimmt nicht ab.
Einfach	Wenn die Gesundheitsleiste mehr als halb voll ist, nimmt sie langsam ab, bis sie halb voll ist.
Normal	Sie nimmt langsam ab, aber nicht so weit, dass der Avatar stirbt.
Schwer	Sie nimmt ab, bis sie leer ist. Suchen Sie Nahrung – schnell!

Tabelle 3.1: Auswirkungen von Hunger auf Ihren Avatar

Nahrung finden

Tabelle 3.2 führt verschiedene geeignete Nahrungsmittel auf und erklärt, wie Sie sie bekommen. Kapitel 4, »Blöcke und Gegenstände«, enthält weitere Informationen über die Gegenstände selbst. Wenn Sie ein neues Spiel beginnen, halten Sie nach den Nahrungsmitteln im oberen Tabellenbereich Ausschau.

Symbol	Nahrung	Beschreibung
	Rohes Schweine- oder Rindfleisch	Wenn Sie ein Schwein oder eine Kuh töten, erhalten Sie eine bis drei Einheiten dieses Nahrungsmittels. Das Nahrungsmittel sättigt jedoch stärker, wenn Sie es in einem Ofen braten.
	Gebratenes Schweine- oder Rindfleisch	Braten Sie rohes Fleisch in einem Ofen, erhalten Sie vier Nahrungspunkte.
	Rohes Hühnchen	Vermeiden Sie es, rohes Hühnchen zu essen – es sei denn, Sie haben keine andere Wahl. Bei jedem rohen Hühnchen besteht ein 30-prozentiges Risiko, dass Sie eine Lebensmittelvergiftung erleiden, wodurch sich die Nahrungsleiste entleert.
	Gebratenes Hühnchen	Hat dieselben Auswirkungen wie gebratenes Schweine- oder Rindfleisch, stellt aber nur drei Nahrungspunkte wieder her.
	Pilzsuppe	Dieses Nahrungsmittel stellt drei Nahrungspunkte wieder her. In jedes Inventarfeld passt nur eine einzige Suppenschüssel.
	Brot	Brot sättigt weniger als Fleisch, sobald Sie jedoch eine Weizenfarm besitzen (siehe Kapitel 5, »Bergbau und Landwirtschaft«), können Sie eine zuverlässige Nahrungsquelle erlangen (2,5 Nahrungspunkte.)
	Keks	Kekse bestehen aus Weizen; Sie brauchen aber auch Kakaobohnen. Pro Stück stellen Sie nur eine Sättigungseinheit wieder her. Sie sind also nicht besonders sättigend; aber Sie können sie in Massen herstellen.

Symbol	Nahrung	Beschreibung
	Karotte	Karotten finden Sie per Zufall, wenn Sie Zombies töten oder Dörfer erforschen (siehe Kapitel 8, »Die vom Menschen erschaffene Welt«). Eine Karotte entspricht zwei Nahrungspunkten.
	Kartoffel	Auch Kartoffeln finden Sie zufällig. Rohe Kartoffeln sind nicht sehr sättigend; aber Sie können daraus Ofenkartoffeln herstellen.
	Ofenkartoffel	Backen Sie Kartoffeln in einem Ofen, um dieses Nahrungsmittel zu erhalten. Es entspricht drei Nahrungspunkten.
	Melonenscheibe	Zwar hat eine einzelne Scheibe (oder einzelne Einheit) eher karge Auswirkungen; diese Nahrung kann jedoch effektiv in großen Mengen produziert werden.
	Roter Apfel	Diese Frucht fällt aus zerstörten Bäumen und bietet zwei Nahrungspunkte.
	Goldener Apfel	Jede der beiden Arten goldener Äpfel bringt zwei Nahrungspunkte. Die erste Sorte wird aus Goldnuggets hergestellt, regeneriert Ihr Leben und reduziert Ihren Hunger. Die zweite wird aus Goldblöcken hergestellt. Sie verleiht Ihnen 30 Sekunden schnelle Regenerationskraft und fünf Minuten Resistenz sowie Feuerresistenz.
	Roher Fisch	Fischen wird in Kapitel 4, »Blöcke und Gegenstände«, erwähnt.
	Gebratener Fisch	Braten Sie Fisch in einem Ofen, um diese Nahrung zu erlangen. Sie entspricht fünf Nahrungspunkten und stellt eine gute Nahrungsquelle dar, wenn Sie Zeit haben.
	Kürbiskuchen	Sammeln Sie Eier (die von Hühnern gelegt werden), Zucker (von an Seeufern wachsendem Zuckerrohr) sowie Kürbisse, um einen Kuchen herzustellen. Er bringt vier Nahrungspunkte.
	Kuchen	Für die Herstellung eines Kuchens brauchen Sie drei Eimer Milch, zwei Stücke Zucker, drei Einheiten Weizen und ein Ei. Kuchen muss auf dem Boden platziert werden, bevor Sie ihn essen können; klicken Sie ihn mit der rechten Maustaste an, um eine Nahrungseinheit wiederherzustellen. Der Kuchen verschwindet, nachdem sie ihn sechsmal verwendet haben.
	Verdorbenes Fleisch	Wenn Sie verdorbenes Fleisch essen – das Sie von Zombies erhalten –, bekommen Sie mit 80-prozentiger Wahrscheinlichkeit eine Lebensmittelvergiftung.
	Spinnenauge	Wenn Sie ein Spinnenauge essen – das Sie von Spinnen erhalten –, vergiften Sie sich. Das Auge wird in erster Linie verwendet, um Zaubertränke zu brauen.

Tabelle 3.2: Nützliche Nahrungsmittel

Nahrung aufnehmen

Sie können Nahrung aufnehmen, indem Sie sie auswählen und die rechte Maustaste eine Sekunde lang gedrückt halten. Anschließend hat Ihr Avatar gegessen und ein Teil der Nahrungsleiste wird aufgefüllt.

Die Nahrungsaufnahme füllt die Nahrungsleiste nicht nur, sondern verhindert auch für eine Weile, dass sie wieder abnimmt. Wenn die Nahrungsleiste zu flackern beginnt, werden Sie wieder hungrig und die Leiste leert sich langsam.

 Wenn Sie nicht immer wieder nach Haus rennen und dort essen möchten, nehmen Sie Proviantrationen mit, zum Beispiel gebratenes Rindfleisch oder Brot.

Bauen, Abbauen und Anbauen

Wenn Sie eine Nahrungsquelle und ein Obdach besitzen (wie in Kapitel 2,»Der Plan für Ihre erste Nacht«, beschrieben), sind Sie – was das Überleben angeht – im Prinzip in Sicherheit. Dies ist natürlich nur ein kleiner Teil des Spiels. Sobald Sie beginnen, Rohstoffe abzubauen und Abenteuer zu erleben, stoßen Sie auf komplexe Herausforderungen.

Ein attraktives Haus bauen

Ein kreatives Ziel ist in Minecraft das Bauen. Zwar ist ein hölzernes Rechteck mit einer Tür für die meisten Bedürfnisse ausreichend; es ist jedoch befriedigend, ein großes Anwesen mit Vorratstruhen, Farmen und anderen Schmankerl zu besitzen – und ein willkommener Anblick nach einem langen Abenteuer. Zwar bleibt es weitgehend Ihrer Kreativität überlassen, was Sie konstruieren. Ein paar Tipps werden Ihnen jedoch helfen, schnell und einfach zu bauen:

✔ **Um in die Höhe zu bauen,** springen Sie und platzieren Sie schnell einen Block unter sich. Wiederholen Sie diese Aktion, um eine Säule zu bauen.

✔ **Um einen Vorsprung zu bauen,** halten Sie die ⌂-Taste gedrückt (damit Sie nicht fallen) und treten Sie an die Kante. Jetzt können Sie seitlich Blöcke an der Kante platzieren.

✔ **Um eine Decke zu bauen,** bewegen Sie sich rückwärts, während Sie Blöcke vor sich legen, um eine Linie zu konstruieren. Um den Raum zu füllen, wiederholen Sie den Vorgang in einem von Ihnen gewählten Muster.

Eine Mine oder Grabung beginnen

Eine wichtige Aktivität in Minecraft ist das Graben nach Mineralien, mit denen Sie Ihre Ressourcen erweitern können. Um eine Mine zu erzeugen, können Sie entweder eine Grabung beginnen oder eine Höhle finden – beide Methoden werden in Kapitel 5, »Bergbau und Landwirtschaft«, genauer erläutert. Im Moment sollten Sie die folgenden Gegenstände erlangen oder herstellen, bevor Sie mit den Grabarbeiten beginnen (Rezepte für diese Gegenstände finden Sie in Kapitel 4, »Blöcke und Gegenstände«):

✔ **Spitzhacke:** Die meisten unterirdischen Blöcke lassen sich nur schwer abbauen – und Sie benötigen eine Spitzhacke. Steinspitzhacken funktionieren zwar normalerweise gut; für höherwertige Mineralien brauchen Sie jedoch eiserne Spitzhacken. Sie finden Eisen während der Grabarbeiten.

✔ **Fackel:** Wenn Sie in den Boden hinabsteigen und das Sonnenlicht hinter sich lassen, werden nächtliche Monster noch gefährlicher. Besonders in einer Höhle sollten Sie mehrere Fackeln mitführen und gefährliche Abgründe erforschen, indem Sie die dunkleren Bereiche erleuchten. Die Beleuchtung Ihres Wegs ist immer sinnvoll, weil die meisten Monster nicht bei Licht erscheinen.

✔ **Nahrung:** Führen Sie auf einer langen unterirdischen Expedition immer Nahrung mit sich. Wenn Sie sich verirren, erkaufen Sie sich damit etwas Zeit, um sich Ihren Weg ins Freie zu graben.

Die wichtigste Ressource, nach der Sie unter Tage suchen sollten, ist Erz. In Minecraft gibt es sieben Erzarten, die in Tabelle 3.3 beschrieben werden.

Symbol	Name	Beschreibung
	Kohle	Dieses Erz können Sie mit jeder Spitzhacke abbauen. Wenn Sie diesen Block zerbrechen, fällt ein Kohleklumpen heraus, den Sie gut für die Herstellung von Gegenständen und für das Schmelzen nutzen können.
	Diamant	Verwenden Sie eine Spitzhacke aus Eisen oder Diamant. Diamant ist das beständigste Material für Werkzeuge. Sie können sie auch verwenden, um so wirkungsvolle Gegenstände wie Zaubertische herzustellen.
	Smaragd	Verwenden Sie eine Spitzhacke aus Eisen oder Diamant. Dieses gelegentlich auftretende Erz finden Sie nur unter Hügeln. Es fallen Smaragde heraus, die Sie für den Handel mit Dorfbewohnern nutzen können. (In Kapitel 8, »Die vom Menschen erschaffene Welt«, erhalten Sie Informationen über den Handel.)
	Gold	Verwenden Sie eine Spitzhacke aus Eisen oder Diamant. Schmelzen Sie diesen Block in einem Ofen, um Goldbarren zu gewinnen. Gold benötigen Sie für die verschiedensten Gegenstände.
	Eisen	Verwenden Sie eine Spitzhacke aus Stein, Eisen oder Diamant. Sie müssen diesen Block in einem Ofen schmelzen, um Eisenbarren zu gewinnen.
	Lapislazuli	Verwenden Sie eine Spitzhacke aus Stein, Eisen oder Diamant. Lapiserz kann in 4 bis 8 Lapislazuliklumpen zerbrochen werden. Lapis benötigen Sie für blaue Farbe oder Sie können daraus Lapislazuliblöcke zur Dekoration herstellen.
	Redstone	Verwenden Sie eine Spitzhacke aus Eisen oder Diamant. Dieses spezielle Erz leuchtet auf, wenn Sie es berühren. Sie können es in vier oder fünf Klumpen Redstonestaub zerbrechen. Dieser wird für Zaubertränke und mechanische Vorrichtungen benötigt (mehr darüber in Kapitel 6, »Durch Erfindergeist überleben«).

Tabelle 3.3: Die Erze

Wenn Sie mit dem Abbau beginnen, können Sie den Pflasterstein und die Erze gewinnen, die Sie zur Herstellung weiterer Werkzeuge und Gegenstände benötigen. Die Gewinnung einer Fülle von brauchbaren Erzen ist ein wichtiges Langzeitziel in Minecraft.

Eine Landwirtschaft aufbauen

Auch wenn Sie nichts von der Vorstellung halten, eine Farm aufzubauen und ungeduldig zu warten, bis das Getreide wächst, sollten Sie sich von der Überschrift dieses Abschnitts nicht abschrecken lassen. In Minecraft ist eine _Farm_ allgemein ein System, das ohne Ihre aktive Teilnahme Ressourcen hervorbringt. Glücklicherweise produzieren die meisten Farmen schon nach sehr kurzer Zeit Ressourcen und Sie können sich mit vielerlei anderen Aufgaben beschäftigen, während Sie warten, dass die Farm floriert. Durch die kreative Verwendung von Blöcken und Gegenständen können Sie viele verschiedene Arten von Farmen aufbauen. Verschiedene Typen von Farmen werden detailliert in Kapitel 5, »Bergbau und Landwirtschaft« beschrieben; originellere Strategien für den Anbau von Gegenständen finden Sie in Kapitel 6, »Durch Erfindergeist überleben«.

Zum Ende vordringen

Wenn Sie sich Ihre eigenen Ziele setzen, behalten Sie Ihre Leistungen während des Spiels im Auge. Minecraft bietet grobe Richtlinien für die Verbesserung Ihrer Welt und Ihren Fortschritt. Nutzen Sie diesen Abschnitt als Anregung, um Ihr nächstes großes Ziel in Minecraft zu finden. Sogar erfahrene Spieler benötigen möglicherweise eine Weile, um diese Aufgaben zu bewältigen.

Bessere Erze abbauen

Der erste Schritt zu mehr Macht und Reichtum besteht darin, über das Steinzeitalter hinauszugelangen. Wie im Abschnitt »Eine Mine oder Grabung beginnen« beschrieben, können Sie durch Grabungsarbeiten an bessere Materialien wie etwa Eisen oder Diamant kommen. Mithilfe der Handwerksrezepte im Anhang können Sie bessere Waffen, Werkzeuge, Rüstungen und Gebrauchsgegenstände herstellen. Gewinnen Sie so viel Eisen, wie Sie können, und verwenden Sie es, um sich Gold, Redstone und Diamant zu beschaffen.

Den Nether erreichen

Ein großer Schritt in Minecraft ist der Bau des Portals, das Sie von der klassischen Oberwelt in die _Nether_-Dimension bringt – einen gefährlichen Ort mit interessanten Blöcken und Monstern. Um weitere Gegenstände verfügbar zu machen – und die nächste Stufe des Spiels zu erreichen –, müssen Sie den Nether erreichen.

Ein Portal bauen

Um Ihr erstes Netherportal zu erbauen, benötigen Sie eine Quelle für Wasser und Lava sowie einen Feuerstein und einen Eisenbarren. Mit den folgenden Schritten erbauen Sie ein Netherportal (siehe Abbildung 3.1):

Abbildung 3.1: Der Nether und sein Portal

1. **Beschaffen Sie sich mindestens zehn Obsidianblöcke, die von fließendem Wasser über unbewegter Lava erzeugt werden.**

   Der äußerst harte *Obsidianblock* kann nur mit einer Diamant-Spitzhacke abgebaut werden. Um Obsidian herzustellen, gehen Sie folgendermaßen vor:

   ✔ Stellen Sie mit Eisenbarren einen Eimer her.

   ✔ Um Wasser oder Lava aufzunehmen, klicken Sie mit der rechten Maustaste darauf.

   ✔ Klicken Sie mit der rechten Maustaste, um eine Flüssigkeit zu ersetzen; platzieren Sie beide Flüssigkeiten aufeinander, um Obsidian herzustellen.

   ✔ Bauen Sie den Obsidian mit einer Diamant-Spitzhacke ab oder mischen Sie ihn direkt in den Rahmen (siehe Schritt 2).

2. **Bauen Sie einen Rahmen aus Obsidian, der ein Rechteck mit einer Breite von zwei Blöcken und einer Höhe von drei Blöcken umschließt.**

   Für diesen Schritt benötigen Sie 14 Obsidian-Blöcke (oder zehn, wenn Sie die Ecken weglassen).

3. **Beleuchten Sie das Innere.**

   Bisher haben Sie lediglich einen leeren schwarzen Rechteckrahmen. Damit dieser zu einem Portal wird, entzünden Sie im Inneren einen kleinen Funken. Am einfachsten geht dies, indem Sie aus einem Eisenbarren und einem Feuerstein (der manchmal aus Kiesblöcken fällt) ein Feuerzeug herstellen.

Wenn Sie mit dem Feuerzeug auf eine Oberfläche klicken, wird sie entzündet; gleichzeitig wird aber die Haltbarkeit des Feuerzeugs verringert. Rechtsklicken Sie mit dem Feuerzeug auf das Innere des Rahmens, um es mit violettem Rauch zu füllen. Dieser Rauch ist das Portal zum Nether.

Um das Portal zu nutzen, stellen Sie sich in den Rahmen, bis der Bildschirm violett wird. Sie manifestieren sich bald im Nether neben einem zweiten Portal, das Sie nach Hause bringen kann.

Im Nether überleben

Der _Nether_ ist eine weitläufige, höhlenartige Landschaft, die hauptsächlich aus _Netherstein_ besteht, einem brüchigen rötlichen Stein. Außer Kies findet sich hier auch _Seelensand_, ein Block, der Ihren Avatar ausbremst. Der Boden des Nether ist mit einem großen Lavasee bedeckt; die Decke besteht aus leuchtenden Tropfsteinen aus Glowstone.

Während Ihres Aufenthalts im Nether sollten Sie versuchen, eine _Netherfestung_ zu finden – eine gewaltige Struktur aus roten Ziegeln, die eine zerstörte Burg darstellt. Hier erscheinen mächtige Feinde; aber diese Feinde sind auch Ihr Schlüssel zur Festung, der nächsten Stufe des Spiels.

Die folgende Liste beschreibt die Feinde, auf die Sie im Nether treffen könnten:

✔ **Zombie Pigman:** Trotz ihres furchteinflößenden Aussehens möchte diese Kreatur nichts mit Ihnen zu tun haben. Wenn Sie eine davon angreifen, wird jedoch jeder andere Zombie Pigman in Sichtweite auf Sie zukommen und mit seinem Schwert beträchtlichen Schaden anrichten. Wenn Sie einen Zombie Pigman töten, erhalten Sie verfaultes Fleisch, Goldbarren und gelegentlich andere Gegenstände aus Gold.

So bekämpfen Sie einen Zombie Pigman: Vergewissern Sie sich, dass die Gruppe Sie nicht umzingeln oder in eine Ecke drängen kann, und versuchen Sie, sie nacheinander zu überwältigen.

✔ **Ghast:** Diese weiße, in der Luft lebende Qualle ist gefährlich. Sie versucht, sich Ihnen zu entziehen, und spuckt dabei explosive Feuerbälle. Ein einzelner Kampf mit einem Ghast kann eine kleine Stelle mit Netherstein in eine brennende Einöde verwandeln.

So bekämpfen Sie einen Ghast: Greifen Sie seine Tentakel mit Pfeil und Bogen an oder schleudern Sie die Feuerbälle mit einem Linksklick auf den Ghast zurück. Wichtig ist auch, dass Ghasts keine harten Blöcke wie Kies zerstören können.

✔ **Magmawürfel:** Diese feurigen, roten Würfel springen auf Sie zu, wobei sie Ihnen Schaden zufügen, sobald Sie sie berühren. Treten Sie zurück, nachdem Sie einen großen Magmawürfel getötet haben – er teilt sich in kleinere Magmawürfel. Nur winzige Würfel lassen Gegenstände fallen, und zwar Magmacreme, die Sie für Tränke benötigen.

So bekämpfen Sie einen Magmawürfel: Greifen Sie ihn an, sobald er abgesprungen ist, um ihn zu überwältigen.

✔ **Witherskelett:** Diese dunklere Variante der Skelette außerhalb des Nether patrouillieren mit ihren Steinschwertern in Netherfestungen. Achten Sie darauf, dass keines von ihnen Sie erreicht! Sein Schwert fügt Ihnen für kurze Zeit einen *Wither*-Schaden zu, wodurch Ihre Gesundheitsleiste langsam weniger wird und (im Gegensatz zu Gift) Ihren Avatar töten kann. Diese Skelettart wird gelegentlich von normalen Skeletten (siehe Kapitel 7, »Blöcke und Gegenstände«) begleitet.

So bekämpfen Sie ein Witherskelett: Weil es meist in Netherfestungen erscheint, sollten Sie es in einem langen Gang bekämpfen, in dem es Sie nicht in die Ecke drängen kann. Pfeil und Bogen funktionieren sehr gut.

✔ **Lohe:** Diese schwebende, feurige Erscheinung umgibt die Wachtürme der Netherfestung. Auf diesen Wachtürmen befinden sich brennende Metallkäfige, die beständig neue Lohen generieren. Sie können diese Spawner mit einer Spitzhacke zerbrechen, aber Sie benötigen Lohen, um bestimmte Gegenstände zu gewinnen. Wenn eine Lohe beginnt, Feuer zu spucken, bereitet sie einen Angriff mit drei Feuerbällen vor, der äußerst gefährlich ist. Bei ihrem Tod verliert sie die nützlichen Lohenruten.

So bekämpfen Sie eine Lohe: Töten Sie die Lohe so schnell wie möglich und achten Sie darauf, dass sie Sie nicht unter schweren Feuerbeschuss nimmt. Sie können der Lohe schaden, indem Sie Schneebälle auf sie werfen! Sie können ihr auch widerstehen, indem Sie einen Trank der Feuerresistenz zu sich nehmen (siehe Kapitel 6, »Durch Erfindergeist überleben«).

Die Festung finden

Nachdem Sie mit dem Nether vertraut sind (und wahrscheinlich an Ihrem Haus und Ihrer Mine gearbeitet haben), ist es Zeit, sich zur Festung zu begeben. Diese große, unterirdische Struktur erscheint in der Oberwelt und enthält das Endportal – der Durchgang zur letzten Dimension.

Leider ist es prinzipiell schwierig, die Festung zu finden – Sie benötigen Ressourcen aus dem Nether, um sie zu entdecken. Gehen Sie folgendermaßen vor, um die Festung zu finden:

1. **Sammeln Sie Enderperlen.**

   Diese Elemente werden von Endermen fallen gelassen (siehe Kapitel 7, »Blöcke und Gegenstände«). Sie müssen möglicherweise eine Weile nachts unterwegs sein, um welche zu finden. Es lässt sich schwer sagen, wie viele Enderperlen Sie benötigen; sammeln Sie also ein paar davon, folgen Sie dieser Anleitung und suchen Sie mehr Perlen, wenn Sie feststellen, dass sie nicht ausreichen.

2. **Sammeln Sie Lohenstaub.**

   Töten Sie im Nether einige Lohen, um Lohenruten zu gewinnen. Diese können zu Lohenruten verarbeitet werden (siehe Anhang). Sie brauchen mindestens so viel Lohenstaub wie Enderperlen.

3. **Stellen Sie aus dem Lohenstaub und den Enderperlen Enderaugen her.**

   Platzieren Sie von jedem ein Exemplar in beliebiger Anordnung im Handwerksraster.

4. Wählen Sie ein Enderauge und klicken Sie mit der rechten Maustaste, um es zu werfen.

Das Enderauge schwebt in den Himmel und in die Richtung der Festung. Wenn sich das Auge beispielsweise vorwärtsbewegt, liegt die Festung vor Ihnen.

5. Folgen Sie dem Enderauge, um sich auf die Festung zuzubewegen. Werfen Sie weitere Augen, bis sie nicht mehr nach oben, sondern nach unten schweben.

Nachdem das Enderauge eine Weile geschwebt ist, fällt es entweder nach unten, sodass Sie es erneut verwenden können, oder es zerbricht. Stellen Sie mehrere Augen her und folgen Sie ihnen in Richtung der Festung.

6. Sobald die Augen nach unten schweben, graben Sie, um die Festung zu finden.

Nachdem Sie die Festung erreicht haben, fallen Sie in eine verfallene Steinkammer mit einem weiß-grünen Rahmen in der Mitte. Der Raum enthält außerdem einen glühenden Käfig, der Silberfische hervorbringt (riesige Gliederfüßer, die in Kapitel 7, »Blöcke und Gegenstände«, beschrieben werden). Zerbrechen Sie diesen Käfig mit einer Spitzhacke und gehen Sie zum grünen Rahmen (er würde das Endportal enthalten, ist aber defekt). Um das Endportal zu reparieren und zu aktivieren, verwenden Sie zwölf weitere Enderaugen, um die leeren Felder des Rahmens zu füllen (siehe Abbildung 3.2).

Abbildung 3.2: Endportal

Das Ende erobern

Springen Sie noch nicht in das Endportal – sobald Sie eintreten, werden Sie in einen Kampf verwickelt. Auf diesen müssen Sie sich vorbereiten. Erforschen Sie die Festung und suchen Sie Gegenstände in Schatztruhen: ein Schwert, ein Bogen mit genügend Munition und einige Blöcke. Ergreifen Sie auch bestimmte Sicherheitsmaßnahmen, indem Sie neben dem Portal eine Truhe und ein Bett platzieren.

Legen Sie alle unnötigen Wertsachen ab, bevor Sie das Ende betreten, damit Sie sie nicht verlieren, und scheuen Sie sich nicht, Ihren Eintritt noch eine Weile hinauszuzögern.

Wenn Sie bereit sind, können Sie in das Portal springen. Sie werden sofort zum *Ende* transportiert – in eine Dimension, die kleiner ist als der Nether und aus ein paar schwebenden Plattformen besteht (siehe Abbildung 3.3).

Abbildung 3.3: Das Ende

Ihnen werden sofort die folgenden Elemente des Endes auffallen:

✔ **Endermen:** Das Gebiet wimmelt von diesen Kreaturen, die schon in Kapitel 2, »Der Plan für Ihre erste Nacht«, erwähnt wurden. Sie möchten ganz bestimmt keinen Schwarm von ihnen auf Ihren Fersen haben – also sehen Sie sie nicht an. Ein Enderman greift nur an, wenn Ihr Fadenkreuz ihn streift.

 Wenn Sie es nicht vermeiden können, die Endermen anzusehen, legen Sie einen Kürbis in das Helmfeld Ihres Inventars. Sie können diesen Kürbis wie eine Halloween-Maske auf Ihrem Kopf tragen. Er erschwert die Sicht, aber Sie können die Endermen dann ansehen, ohne sie zu provozieren.

✔ **Enderdrache:** Wenn der Enderdrache in der Nähe ist, erscheint die *Boss-Gesundheitsleiste* am oberen Rand des Bildschirms und weist damit auf den Enderdrachen hin. Dieser große, schwarze Drache fliegt um die Plattform und versucht, Sie hinabzustoßen.

✔ **Obsidiansäulen:** Im Ende gibt es zahlreiche Obsidiansäulen. Auf jeder davon sitzt ein Kristall. Wenn Sie den Enderdrachen verwunden, kann er zu einem Kristall fliegen und sich damit heilen. Sie müssen diese Kristalle zerstören, um den Drachen zu besiegen.

Um den Drachen zu töten, bieten sich folgende Strategien an:

✔ Zerstören Sie die Enderkristalle. Diese zerbrechlichen Kristalle explodieren, wenn sie berührt werden. Sie können die meisten davon zerstören, indem Sie sie mit Pfeilen, Schneebällen oder Eiern bewerfen. Wenn Sie einen bestimmten Kristall einfach nicht erreichen können, verwenden Sie Blöcke für *Säulensprünge* (springen Sie und platzieren Sie einen Block unter sich), bis Sie die Spitze der Säule erreichen. Geben Sie Acht, wenn Sie die Kristalle zertrümmern: Die Explosion verursacht Schaden und könnte Sie von der Säule stoßen.

Achten Sie auf den Drachen – er kann viel Schaden anrichten, wenn er Sie angreift. Er zerstört alle Blöcke, die er berührt, bis auf diejenigen, die zum Ende gehören. Wehren Sie den Drachen ab, indem Sie ihn angreifen.

✔ **Greifen Sie den Enderdrachen an.** Der Rest des Kampfes ist recht geradlinig. Wenn der Drache auf Sie zukommt, greifen Sie ihn mit allem an, was Sie haben. Schießen Sie Pfeile auf ihn ab und achten Sie nicht auf die Pfeile, die irgendwelche Endermen treffen – sie werden teleportiert, um dem Geschoss auszuweichen, und behelligen Sie nicht.

Nachdem der Enderdrache besiegt ist, schwebt er langsam in die Luft, wo er in einem Schauer von Erfahrungspunkten explodiert. Sammeln Sie so viele, wie Sie können! Der Drache verliert außerdem eine graue Fontäne mit einem Ei auf seiner Spitze. Das Ei ist dekorativ und es teleportiert Sie, wenn Sie es mit der rechten Maustaste anklicken. Springen Sie in die schwarzen Tiefen der Fontäne, betrachten Sie den daraufhin gezeigten Abspann und kehren Sie in die Oberwelt zurück.

Jetzt geht es erst richtig los

Das Ende ist in gewisser Weise missverständlich benannt – auch nachdem Sie den Drachen besiegt und das Ende verlassen haben, ist das Spiel noch lange nicht vorbei. Sie haben die Erfahrungspunkte, die Sie für mächtige Verzauberungen benötigen (Details nennt Ihnen Kapitel 6, »Durch Erfindergeist überleben«), und das Ende stellt eine gute Quelle für Obsidian und Enderperlen dar. Ihr Haus und Ihre Ressourcen sind immer noch da – nun ist es Zeit, Ihre eigenen Ziele zu verfolgen. Bauen Sie riesige Schlösser, sammeln Sie massenweise Diamanten, erschaffen Sie neue Gegenstände und gehen Sie auf Entdeckungsreise. Sie können auch den Wither bekämpfen, einen optionalen Bossgegner, der in Kapitel 7, »Blöcke und Gegenstände«, detailliert beschrieben wird.

Blöcke und Gegenstände

In diesem Kapitel

▷ Das Holzzeitalter, das Zeitalter der Plünderungen und das Steinzeitalter

▷ Detaillierte Informationen über Blöcke und Gegenstände

▷ Den Ofen nutzen

D ieses Kapitel informiert Sie über die grundlegenden Bestandteile des Überlebensmodus. Sie sollten sie kennen, wenn Sie gerade mit dem Spiel beginnen. Sie finden hier Informationen über die verschiedenen Zeitalter in Minecraft sowie detaillierte Anleitungen zur Nutzung des Ofens.

 Weitere Bilder und detaillierte Handwerksrezepte erhalten Sie im Anhang.

Das Holzzeitalter

Wenn Sie ein Minecraft-Spiel beginnen, bestehen die meisten von Ihnen benötigten Gegenstände aus Holz. Tabelle 4.1 erklärt, wie Sie diese Elemente finden oder herstellen, und beschreibt, was sie bewirken. Die meisten dieser Blöcke können Sie schneller mit einer Axt abbauen.

Element	So erhalten Sie es	Beschreibung
Boot	Wird aus fünf Holzbrettern hergestellt	Klicken Sie mit der rechten Maustaste auf das Wasser, in das Sie Ihr Boot setzen möchten. Anschließend klicken Sie mit der rechten Maustaste auf das Boot, um hineinzuspringen! Drücken Sie die Tasten ⟨W⟩, ⟨A⟩, ⟨S⟩ und ⟨D⟩, um das Boot zu steuern und um das Boot zu zerbrechen, um es später erneut zu nutzen.
Schüssel	Wird aus drei Brettern hergestellt (ergibt zwei)	Die Schüssel kann Pilzsuppe aufnehmen.
Truhe	Wird aus acht Brettern hergestellt	Eine Truhe kann 27 Stapel von Gegenständen aufnehmen. Platzieren Sie zwei Truhen nebeneinander, um eine Doppeltruhe zu erhalten. In dieser finden 54 Stapel Platz.
Werkbank	Wird aus vier Brettern hergestellt	Klicken Sie mit der rechten Maustaste auf diesen Gegenstand, um das erweiterte Handwerksraster zu öffnen (siehe Kapitel 2, »Der Plan für Ihre erste Nacht«).

Element	So erhalten Sie es	Beschreibung
Zaun	Wird aus sechs Stöcken hergestellt (ergibt zwei)	Dekorative Blöcke, die sich automatisch zu benachbarten Blöcken oder Zäunen verbinden. Sie können zwar Blöcke auf Zäunen platzieren, können sie aber nicht überspringen.
Zauntor	Wird aus zwei Brettern und vier Stöcken hergestellt	Mit einem Klick öffnen und schließen Sie das Zauntor. Es verbindet sich zu Zäunen und verhält sich wie ein Zaun.
Leiter	Wird aus sieben Stöcken hergestellt (ergibt drei)	Leitern können an Wänden angestellt werden und Sie können sie erklettern, indem Sie einfach darauf zugehen. Halten Sie die ⇧-Taste gedrückt, um sich an eine Leiter zu hängen.
Klotz	Findet sich auf Bäumen	Holzklötze gibt es in vier Texturen, die für handwerkliche Zwecke genutzt werden können.
Schild	Wird aus sechs Brettern und einem Stock hergestellt (ergibt drei)	Wenn Sie diesen Gegenstand an einer Wand oder in einem beliebigen Winkel auf dem Boden platzieren, erscheint ein Feld, in das Sie Text eingeben können.
Stock	Wird aus zwei Brettern hergestellt (ergibt vier)	Stellen Sie ihn aus Holzbrettern her. Sie benötigen ihn für verschiedene Handwerksarbeiten.
Falltür	Wird aus sechs Brettern hergestellt (ergibt zwei)	Platzieren Sie diese Klappe an der Seite eines Blocks. Klicken Sie auf die Falltür, um sie zu öffnen oder zu schließen.
Holzaxt	Wird aus zwei Stöcken und drei Brettern hergestellt	Eine schwache Axt, mit der das Holzfällen etwas schneller geht
Holzknopf	Wird aus einem Brett hergestellt	Dieser einfache Gegenstand gibt Energie ab, wenn Sie ihn anklicken oder einen Pfeil darauf abschießen (siehe Kapitel 6, »Durch Erfindergeist überleben«).
Holztür	Wird aus sechs Brettern hergestellt	Dieser hohe Block kann geöffnet und geschlossen werden, wenn Sie ihn anklicken. Zombies können ihn zerstören (siehe Kapitel 8, »Die vom Menschen erschaffene Welt«).
Holzhacke	Wird aus zwei Stöcken und zwei Brettern hergestellt	Dieses leicht zerbrechliche Gartenwerkzeug ist brauchbar, um zu einem niedrigen Preis einen kleinen Gartenbaubetrieb aufzuziehen.
Holzspitzhacke	Wird aus zwei Stöcken und drei Brettern hergestellt	Diese schwache Spitzhacke ist das einfachste Werkzeug, um Steinblöcke zu zerbrechen. Sie ist Ihre Eintrittskarte in das nächste Zeitalter.
Holzbrett	Wird aus einem Klotz hergestellt (ergibt vier)	Diese Grundlage für hölzerne Gegenstände ist ein brauchbares Baumaterial. Seine Textur hängt davon ab, welche Klötze zu seiner Herstellung verwendet wurden.
Holzdruckplatte	Wird aus zwei Brettern hergestellt	Gibt Energie ab, sobald darauf getreten wird (siehe Kapitel 6, »Durch Erfindergeist überleben«)

Element	So erhalten Sie es	Beschreibung
Holzschaufel	Wird aus zwei Stöcken und einem Brett hergestellt	Die schwächste, aber auch preiswerteste Schaufel
Holzstufe	Wird aus drei Brettern hergestellt (ergibt sechs)	Gehen Sie auf diesem dekorativen Block auf und ab, ohne springen zu müssen. Stapeln Sie die Stufen übereinander und platzieren Sie sie entweder als Decken oder Böden.
Holztreppe	Wird aus sechs Brettern hergestellt (ergibt vier)	Die Holztreppe ermöglicht größere Treppenhäuser und kann – wie die Stufe – auch umgekehrt an der Decke platziert werden. Beachten Sie: Treppen werden stets auf Sie zu platzieren.
Holzschwert	Wird aus einem Stock und zwei Brettern hergestellt	Ein zerbrechliches, einfaches Schwert, das den von Ihnen verursachten Schaden erhöht; eine leicht herstellbare Waffe für Spieleinsteiger.

Tabelle 4.1: Holzgegenstände

Natürlich kann es passieren, dass Sie im Holzzeitalter auf zahlreiche andere natürlich vorkommende Blöcke stoßen. Tabelle 4.2 führt häufige oberirdische Blöcke auf und beschreibt die Gegenstände, die Sie daraus herstellen können.

Objekt	So erhalten Sie es	Beschreibung
Apfel	Gelegentlich, von Eichenlaub	Ein Nahrungsmittel, das zur Herstellung von goldenen Äpfeln verwendet werden kann
Kakteen	Findet sich in Wüsten	Eine anbaubare Pflanze (siehe Kapitel 5, »Bergbau und Landwirtschaft«), die alles beschädigt, was mit ihr in Berührung kommt; aus ihr kann grüne Farbe hergestellt werden.
Lehmklumpen	Durch das Zerbrechen von Lehmblöcken (4 pro Block)	Wird für die Herstellung von Ziegeln und Lehmblöcken verwendet
Lehmblock	Findet sich in der Nähe von Wasser	Ein heller Baustein, der in vier Lehmklumpen zerfällt, wenn er zerbrochen wird
Kakaobohne	Gelegentlich von wild wachsenden Kakaoschoten im Dschungel	Wird als braune Farbe verwendet oder um Kekse herzustellen, kann auch angebaut werden (siehe Kapitel 5, »Bergbau und Landwirtschaft«).
Toter Busch	Findet sich in Wüsten	Als Dekoration verwendet
Erde	In den meisten Biomen zu finden, normalerweise von Gras bedeckt	Kann als Ackerland verwendet werden, benachbartes Gras breitet sich irgendwann auch auf der Erde aus.
Feuerstein	Beim Abbau von Kies zu finden	Kann für die Herstellung von Feuerzeugen oder Pfeilen verwendet werden
Blume	In grasigen Biomen zu finden	Kann aufgelesen und neu angepflanzt oder zu Farben verarbeitet werden

Objekt	So erhalten Sie es	Beschreibung
Gras, toter Busch, Farn	In grasigen Biomen zu finden	Ein Gras, das durch die Verwendung von Knochenmehl angebaut werden kann; verliert manchmal Samen, wenn es ohne Schere abgebaut wird.
Kies	Gelegentlich über und unter der Erde zu finden	Fällt herunter, wenn sich darunter kein Block befindet, manchmal erhalten Sie beim Abbauen einen Feuerstein.
Eis	Auf der Oberfläche gefrorener Seen und Flüsse	Ein schlüpfriger Block, der häufig in gefrorenen Wasserkörpern erscheint
Blatt	Auf Bäumen	Droppt nur Setzlinge oder Äpfel, außer wenn Sie es mit der Schere abbauen
Seerosenblatt	In sumpfigen Biomen	Kann auf Wasser platziert werden, sodass sie leicht darüberlaufen können
Pilz	An dunklen Stellen oder in Sümpfen beziehungsweise in der Nähe von Bäumen	Kann für die Herstellung von Suppe verwendet werden, kann aber nicht in hellen Bereichen platziert werden.
Pilzsuppe	Wird aus einem braunen und einem roten Pilz sowie einer Schüssel hergestellt	Ein brauchbares Nahrungsmittel, allerdings passt nur eine einzige Schüssel in ein Inventarfeld.
Papier	Wird aus drei Stück Zuckerrohr hergestellt (ergibt 3)	Für die Herstellung von Karten und Büchern; wird von Bibliothekaren gegen Smaragde eingetauscht (siehe Kapitel 8, »Die vom Menschen erschaffene Welt«)
Kürbis	Gelegentlich	Eine zum Anbau geeignete Feldfrucht (siehe Kapitel 5, »Bergbau und Landwirtschaft«), lässt sich zu einer Kürbislaterne verarbeiten oder für die Herstellung von Golems, Saatgut oder Kürbiskuchen verwenden
Kürbissamen	Aus einem Kürbis hergestellt (ergibt 4)	Für den Anbau von Kürbissen (siehe Kapitel 5, »Bergbau und Landwirtschaft«)
Sand	In Wüsten und um Wasserflächen	Fällt herunter, wenn sich darunter kein Block befindet, kann für die Herstellung von Sandstein oder Glas verwendet werden
Setzling	Aus Blättern	Lässt sich anpflanzen, indem Sie mit der rechten Maustaste Gras oder Erde anklicken; wächst zu einem Baum heran (siehe Kapitel 5, »Bergbau und Landwirtschaft«)
Schnee	In verschneiten Biomen	Eine dünne Schicht Schnee über kalten Biomen, die zu Schneebällen geformt werden kann
Schneeblock	Aus vier Schneebällen hergestellt	Ein dekorativer Block, mit dessen Hilfe Schneegolems erzeugt werden können
Schneeball	Entsteht beim Schneeschaufeln	Kann geworfen werden, um Mobs zurückzuschlagen und Lohen und dem Enderdrachen Schaden zuzufügen; kann zur Herstellung von Schneeblöcken genutzt werden

Objekt	So erhalten Sie es	Beschreibung
Zucker	Aus einem Zuckerrohr hergestellt	Für das Brauen von Tränken und die Herstellung fermentierter Spinnenaugen, von Kürbiskuchen und Kuchen
Zuckerrohr	In der Nähe von Wasserstellen	Ein anbaubares Gras (siehe Kapitel 5, »Bergbau und Landwirtschaft«), das zu Papier oder Zucker verarbeitet werden kann
Ranken	Auf Bäumen in Sümpfen und Dschungeln	Können erklettert werden, wachsen bei Vernachlässigung, hängende Ranken verschwinden, wenn die Wurzeln gekappt werden.

Tabelle 4.2: Wichtige Naturalien im Holzzeitalter

Das Zeitalter der Plünderungen

Sie erreichen das Zeitalter der Plünderungen schon früh im Spiel – manchmal sogar parallel mit dem Holzzeitalter. Sie töten nun Gegner, um sie auszurauben und mit der Beute Ihr Handwerksrepertoire zu verbessern. Damit erhalten Sie Zugang zu sehr viel mehr Gegenständen, die in Tabelle 4.3 aufgelistet werden. Einige seltene Beutestücke wie etwa Eisen erwähne ich in diesem Abschnitt nicht – diese Elemente werden in den jeweiligen Tabellen beschrieben.

 Alle Werkzeuge verstärken den Schaden, den Sie hervorrufen. Schwert und Bogen haben die stärkste Wirkung; aber auch eine Axt eignet sich gut für den Kampf. Schaufeln sind die schwächsten Waffen.

Objekt	So erhalten Sie es	Beschreibung
Pfeil	Durch Töten von Skeletten, hergestellt aus 1 Feuerstein, 1 Stock, 1 Feder (ergibt 4)	Eine Art Munition, die mit Bögen und Werfern benutzt wird
Bett	Hergestellt aus 3x Wolle, 3 Holzbrettern	Kann nachts zum Schlafen mit der rechten Maustaste angeklickt werden, um die Nacht zu überspringen. Auch manifestieren Sie sich erneut in Ihrem Bett, nachdem Sie gestorben sind (Sie können jedoch nicht schlafen, wenn Monster Sie angreifen).
Knochen	Durch Töten von Skeletten	Ein brauchbarer Gegenstand für das Zähmen von Wölfen, kann zu Knochenmehl oder weißer Farbe verarbeitet werden
Knochen-mehl	Hergestellt aus 1 Knochen (ergibt 3)	Sie können Gras mit der rechten Maustaste anklicken, während Sie diesen starken Dünger halten, um hohes Gras und Blumen wachsen zu lassen. Klicken Sie mit der rechten Maustaste auf unreife Feldfrüchte, um sie wachsen zu lassen.

Objekt	So erhalten Sie es	Beschreibung
Buch	Hergestellt aus 1x Leder, 3x Papier	Sie können daraus ein Buch und einen Federhalter herstellen, ein Bücherregal oder einen Zaubertisch.
Buch und Feder	Hergestellt aus 1 Feder, 3 Tintenbeuteln, 1 Buch	Sie können mit einem Rechtsklick in das Buch schreiben oder ein beschriebenes Buch lesen.
Bücherregal	Hergestellt aus 3 Büchern, 6 Holzbrettern	Ein wertvolles dekoratives Element, das als Verstärker für den Zaubertisch dient (siehe Kapitel 6, »Durch Erfindergeist überleben«); es gibt drei Bücher zurück, wenn es abgebaut wird.
Bogen	Hergestellt aus 3 Fäden, 3 Stöcken	Eine wirkungsvolle Waffe, die im ganzen Spiel nützlich ist (solange Sie Pfeile in Ihrem Inventar haben, können Sie die rechte Maustaste gedrückt halten, um Ihren Bogen zu laden, und sie loslassen, um zu feuern)
Karotte	Selten, durch Töten von Zombies	Kann gegessen oder angebaut (siehe Kapitel 5, »Bergbau und Landwirtschaft«) werden; auch für die Herstellung goldener Karotten geeignet
Ei	Gelegentlich von Hühnern gelegt	Werden geworfen, wenn Sie mit der rechten Maustaste klicken, während Sie sie halten; bringen gelegentlich ein Küken hervor, wenn sie landen; werden auch verwendet, um Kuchen oder Kürbiskuchen herzustellen
Enderperle	Gelegentlich durch das Töten von Endermen	Eine Zutat für eine Enderperle, mit der Sie die Festung finden können (siehe Kapitel 3, »Langfristige Hindernisse überwinden«); wenn Sie die Perle mit einem Rechtsklick werfen, wird Ihr Avatar dorthin teleportiert, wo die Perle landet, erleidet dabei aber Schaden.
Feder	Durch das Töten von Hühnern	Eine wichtige Zutat für Pfeile; auch für die Herstellung von Buch und Feder verwendet
Fermentiertes Spinnenauge	Hergestellt aus 1 Spinnenauge, 1x Zucker, 1 braunen Pilz	Die Hauptzutat für negative Tränke (siehe Kapitel 6, »Durch Erfindergeist überleben«)
Angel	Hergestellt aus 2 Fäden, 3 Stöcken	Sie werfen den Schwimmer aus, indem Sie mit der rechten Maustaste klicken; kann erneut mit der rechten Maustaste angeklickt werden – wenn der Schwimmer im Wasser für kurze Zeit schwimmt und dann plötzlich versinkt –, um einen Fisch herauszuziehen.
Schwarzpulver	Durch Töten von Creepern (ohne sie explodieren zu lassen)	Ein explosives Material, mit dem TNT, Feuerkugeln und werfbare Tränke hergestellt werden können
Tintenbeutel	Durch Töten von Tintenfischen	Als schwarze Farbe oder als Zutat für Buch und Feder

Objekt	So erhalten Sie es	Beschreibung
Rahmen	Hergestellt aus 8 Stöcken, 1x Leder	Kann an der Wand befestigt werden und dann einen Gegenstand aufnehmen, wenn Sie ihn mit der rechten Maustaste anklicken, während Sie den Gegenstand halten; dreht sich, wenn Sie erneut mit der rechten Maustaste klicken
Leder	Durch Töten von Kühen	Wird für die Herstellung von Büchern und Lederrüstungen verwendet
Lederhelm, -tunika, -hosen, -stiefel	Hergestellt aus 5x, 8x, 7x bzw. 4x Leder	Die schwächste Rüstung, die viel Schaden abwenden kann
Gemälde	Hergestellt aus 8 Stöcken, 1x Wolle	Kann durch einen Rechtsklick an einer Wand platziert werden; ist bis zu vier Blöcke breit und vier Blöcke hoch
Giftige Kartoffel	Selten anstatt einer normalen Kartoffel	Kann gegessen werden, erzeugt aber eine Vergiftung; hat keinen wirklichen Nutzen
Kartoffel	Selten durch Töten von Zombies	Kann gegessen oder angebaut werden (siehe Kapitel 5, »Bergbau und Landwirtschaft«); ein nur wenig nahrhaftes Lebensmittel – es sei denn, Sie bereiten es als Ofenkartoffel zu.
Kürbiskuchen	Hergestellt aus 1 Kürbis, 1x Zucker, 1 Ei	Ein effektives Lebensmittel – zuverlässig, wenn Sie mehrere Kürbisse und Eier haben.
Rohes Rindfleisch	Durch Töten von Kühen	Grundsätzlich dasselbe wie rohes Schweinefleisch
Rohes Hühnchen	Durch Töten von Hühnern	Eine schwächere Nahrungsquelle, die Sie manchmal vergiften kann, wenn Sie sie roh essen, wodurch Ihre Nahrungspunkte verschwinden; sollte vor dem Verzehr gebraten werden!
Roher Fisch	Durch Fischen	Stellt einen winzigen Teil der Hungerleiste wieder her und kann verwendet werden, um Ozelots im Dschungel zu zähmen
Rohes Schweinefleisch	Durch Töten von Schweinen	Ein Lebensmittel, das nicht besonders effektiv ist, wenn Sie es nicht braten
Verdorbenes Fleisch	Durch Töten von Zombies	Ein ziemlich nutzloser Gegenstand und eine bedenkliche Nahrungsquelle; jedoch heilt es Wölfe, wenn Sie es ihnen füttern; manchmal tauschen die Dorfpriester es gegen einen Smaragd ein (siehe Kapitel 8, »Die vom Menschen erschaffene Welt«).
Schleimball	Von Schleim im Sumpf verloren	Ein schleimiger Gegenstand, aus dem Sie klebrige Kolben und Magmacreme herstellen können
Spinnenauge	Durch Töten von Spinnen	Eine Zutat für einen Trank, ein giftiges Nahrungsmittel und eine Zutat für ein fermentiertes Spinnenauge

Objekt	So erhalten Sie es	Beschreibung
Faden	Durch Töten von Spinnen	Eine wichtige Zutat für die Herstellung von Bögen, Angeln und Stolperdrähten
TNT	Aus 5x Schwarzpulver, 4x Sand	Wenn es von Redstone oder Feuer gezündet wird, zischt es und verursacht dann eine große Explosion, die Blöcke zerstört; von Schwerkraft beeinflusst, wenn es aktiviert wird.
Wolle	Durch Töten oder Scheren von Schafen, hergestellt aus 4 Fäden	Ein dekorativer Block, den Sie für Betten und Gemälde nutzen können; kann mit Farbe eingefärbt werden

Tabelle 4.3: Gegenstände im Zeitalter der Plünderung

Das Steinzeitalter

Ein bedeutender Meilenstein im Überlebensmodus von Minecraft, den manche Spieler bereits am ersten Tag erreichen, ist das Steinzeitalter. Nachdem Sie eine hölzerne Spitzhacke hergestellt haben und entweder eine Höhle gefunden oder ein Loch gegraben haben, werden die Objekte in Tabelle 4.4 für Sie verfügbar.

 Die meisten steinernen Materialien sind stabiler als andere Blöcke und Sie müssen sie mit einer Spitzhacke abbauen, um Beute zu machen.

Objekt	So erhalten Sie es	Beschreibung
Kohle	Beim Abbau von Steinkohle, wird von Witherskeletten verloren	Ein praktisches Material, das als Brennmaterial für den Ofen verwendet wird; kann zur Herstellung von Fackeln und Feuerkugeln verwendet werden
Steinkohle	Wird häufig unter der Erde gefunden	Eine massenhaft verfügbare Kohlequelle, die Sie beim Abbau in Adern finden können
Pflasterstein	Wird beim Abbau von Stein oder Pflasterstein gewonnen	Ein hervorragender Baustein und die Grundlage für das Werken mit Stein
Pflastersteinstufe	Hergestellt aus 3 Pflastersteinen (ergibt 6)	Das Pflasterstein-Äquivalent der Holzstufe
Pflastersteintreppe	Hergestellt aus 6 Pflastersteinen (ergibt 4)	Das Pflasterstein-Äquivalent der Holztreppe
Pflastersteinmauer	Hergestellt aus 6 Pflastersteinen (ergibt 6)	Das Pflasterstein-Äquivalent des Holzzauns, lässt sich zu Toren zusammensetzen

Objekt	So erhalten Sie es	Beschreibung
Ofen	Hergestellt aus 8 Pflastersteinen	Ein brauchbarer Block, mit dem Sie Gegenstände aus anderen Gegenständen schmelzen können
Kürbislaterne	Hergestellt aus 1 Kürbis, 1 Fackel	Ein unheimlicher, hell leuchtender Kürbis
Hebel	Hergestellt aus 1 Pflasterstein, 1 Stock	Eine Energiequelle, die durch Rechtsklicks ein- und ausgeschaltet werden kann (siehe Kapitel 6, »Durch Erfindergeist überleben«)
Sandstein	Findet sich unter der Erde in der Wüste und in Wüstenstrukturen; kann aus 4x Sand hergestellt werden.	Die »Stein«-Version von Sand, gibt es in natürlicher oder künstlicher Form
Sandsteinstufe	Hergestellt aus 3 Sandstein (ergibt 6)	Das Sandsteinäquivalent der Holzstufe
Sandsteintreppe	Hergestellt aus 6 Sandstein (ergibt 4)	Das Sandsteinäquivalent der Holztreppe
Glatter oder gemeißelter Sandstein	Hergestellt aus 2 Sandstein-Stufen (gemeißelt) oder 4 Sandsteinblöcken (ergibt vier glatte Sandsteinblöcke)	Ein dekorativer Block
Steinaxt	Hergestellt aus 3 Pflastersteinen, 2 Stöcken	Ein Werkzeug, das Holzblöcke sehr viel schneller als normal abbaut
Steinhacke	Hergestellt aus 2 Pflastersteinen, 2 Stöcken	So effizient wie eine hölzerne Hacke, aber sehr viel dauerhafter
Steinspitzhacke	Hergestellt aus 3 Pflastersteinen, 2 Stöcken	Eine dauerhaftere Spitzhacke, mit der Sie mehr Blöcke abbauen können
Steinschaufel	Hergestellt aus 1 Pflasterstein, 2 Stöcken	Ein Werkzeug, mit dem Sie schnell graben können, kann verwendet werden, um Erde, Kies, Sand und andere Arten von weichen Blöcken abzugraben
Steinschwert	Hergestellt aus 2 Pflastersteinen, 1 Stock	Eine starkes, zuverlässiges Schwert, das mittleren Schaden zufügt
Fackel	Hergestellt aus 1 Kohle, 1 Stock (ergibt 4)	Eine wichtige, brauchbare und billige Beleuchtung

Tabelle 4.4: Gegenstände im Steinzeitalter

Den Ofen verwenden

Der Ofen ist ein wichtiger Bestandteil des Steinzeitalters. Sie benötigen ihn zur Herstellung zahlreicher Gegenstände. Wenn Sie einen Ofen auf einer Oberfläche platzieren und ihn mit der rechten Maustaste anklicken, öffnet sich ein Menü mit drei Feldern, einem für den Brennstoff, einem für das zu schmelzende Objekt und einem für das Endprodukt (siehe Abbildung 4.1).

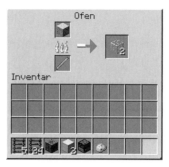

Abbildung 4.1: Einsatz des Ofens

Das Brennstofffeld kann Kohle aufnehmen (acht Anwendungen pro Stück), hölzerne Objekte (drei Anwendungen pro zwei Bretter) sowie Elemente wie Lohenruten oder Lavaeimer. Auch eine Vielzahl anderer brennbarer Elemente kann darin platziert werden. Durch die Verwendung eines Ofens können Sie Erfahrungspunkte sammeln und die in Tabelle 4.5 beschriebenen Gegenstände werden verfügbar.

Objekt	So erhalten Sie es	Beschreibung
Ofenkartoffel	Backen Sie eine Kartoffel in einem Ofen.	Ein mäßig nahrhaftes Lebensmittel
Ziegel	Brennen Sie Lehmkugeln in einem Ofen.	Eine einfache Zutat für Tonblumentöpfe und Ziegelsteine
Ziegelstein	Aus 4 Ziegeln	Ein staubiger, roter Baustein
Ziegelstufe	Aus 3 Ziegeln (ergibt 6)	Die Ziegel-Version der Stufe
Ziegeltreppe	Aus 6 Ziegeln (ergibt 4)	Die Ziegel-Version der Treppe
Kaktusgrün	Verbrennen Sie einen Kaktus im Ofen.	Dient als grüner Farbstoff.
Holzkohle	Verbrennen Sie Holz (keine Bretter, sondern Klötze) im Ofen.	Kann genau wie Steinkohle für Brennstoff, Fackeln und Feuerkugeln verwendet werden
Gebratenes Hühnchen	Durch das Braten von rohem Huhn im Ofen	Dieses Lebensmittel sättigt etwas weniger als Schweine- oder Rindfleisch.

Objekt	So erhalten Sie es	Beschreibung
Gebratener Fisch	Durch das Braten von rohem Fisch im Ofen	Ein Lebensmittel, das leicht zu gewinnen, aber nicht sehr sättigend ist
Gebratenes Schweine- oder Rindfleisch	Durch das Braten von rohem Schweine- oder Rindfleisch im Ofen	Ein nahrhaftes Lebensmittel
Blumentopf	Hergestellt aus 3 Ziegeln	Kann auf Blöcken platziert und mit beliebigen Pflanzen gefüllt werden
Glas	Durch das Brennen von Sand im Ofen	Lässt Sonnenlicht durch die Fenster scheinen
Glasflasche	Hergestellt aus 3x Glas (ergibt 3)	Lässt sich mit Wasser füllen, um mit dem Brauen von Tränken zu beginnen.
Glasscheibe	Hergestellt aus 6x Glas (ergibt 16)	Ein dünnes Fenstermaterial, das sich mit benachbarten Blöcken verbinden lässt
Stein	Durch das Brennen eines Pflastersteins im Ofen	Ein glatter grauer Block, der sich üblicherweise unter der Erde findet; wird mit einem Ofen wieder in seinen glatten Zustand überführt
Steinziegel	Findet sich in der Festung; hergestellt aus 4 Steinen (ergibt 4)	Ein attraktiver, beliebter Dekorationsblock
Steinziegelstufe	Hergestellt aus 3 Steinziegeln (ergibt 6)	Die Steinziegelversion der Stufe
Steinziegeltreppe	Hergestellt aus 6 Steinziegeln (ergibt 4)	Die Steinziegelversion der Treppe
Steinknopf	Hergestellt aus 1 Stein	Eine Energiequelle, die für ein paar Sekunden aktiviert wird, wenn Sie sie drücken (siehe Kapitel 6, »Durch Erfindergeist überleben«)
Steindruckplatte	Hergestellt aus 2 Steinen	Eine Energiequelle, die aktiviert wird, wenn ein schwerer Mob darauftritt (siehe Kapitel 6, »Durch Erfindergeist überleben«)
Steinstufe	Hergestellt aus 3 Steinen (ergibt 6)	Eine glattere Version der Pflastersteinstufe

Tabelle 4.5: Im Ofen produzierbare Gegenstände

Bergbau und Landwirtschaft

5

In diesem Kapitel

▶ Unterschiedliche Abbauarten vergleichen

▶ Eine Landwirtschaft aufziehen

▶ Verschiedene Getreide sammeln

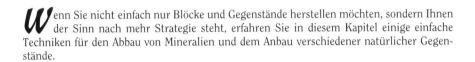

*W*enn Sie nicht einfach nur Blöcke und Gegenstände herstellen möchten, sondern Ihnen der Sinn nach mehr Strategie steht, erfahren Sie in diesem Kapitel einige einfache Techniken für den Abbau von Mineralien und dem Anbau verschiedener natürlicher Gegenstände.

Effizienter Abbau

Der *Abbau* ist eine äußerst wichtige Tätigkeit, die Ihnen eine schnelle (wenn auch anspruchsvolle) Möglichkeit gibt, an wirkungsvolle Mineralien wie etwa Eisen, Redstone und Diamanten zu gelangen. Zum Abbau können Sie verschiedene Techniken nutzen, die in diesem Abschnitt beschrieben werden. Nutzen Sie die Methode, die Ihnen am meisten liegt.

Diese Abbau-Tipps sind keine strengen Richtlinien. Probieren Sie auch Ihre eigenen Methoden aus.

Höhlenabbau

Der Abbau in Höhlen ist eine Herausforderung, kann jedoch sehr lohnenswert sein. Zu Beginn müssen Sie eine große Höhle finden – vielleicht während Sie sich mit einer anderen Mine oder Expedition beschäftigen. Eine solche große Höhle bietet Ihnen eine brauchbare Ressource.

Höhlen sind grundsätzlich *sehr* dunkel – und in Minecraft bedeutet Dunkelheit Monster! Seien Sie stets auf der Hut; tragen Sie Waffen (und vielleicht auch eine Rüstung) und beleuchten Sie die Höhle mit Fackeln, wie in Abbildung 5.1 gezeigt.

Der Abbau in Höhlen ist sinnvoll – Sie können zahlreiche verstreute Ressourcen gewinnen, ohne Ihre Werkzeuge abzunutzen, während Sie versuchen, sich durch Stein zu meißeln. Jedoch können Höhlen manchmal tödlich gefährliche Labyrinthe sein und Sie verlieren möglicherweise Ihre Gegenstände, wenn Ihr Avatar stirbt. Sie müssen entscheiden, ob der Ressourcengewinn das Risiko wert ist, sie wieder zu verlieren.

Abbildung 5.1: Beleuchten Sie Ihren Weg in einem Höhlenabenteuer.

Tipps für den Abbau in Höhlen

Wenn Sie in einer Höhle abbauen, beleuchten Sie einfach den Weg und suchen Sie die Wände nach Mineralien ab, die Sie nutzen können. Eisenerz kommt zwar häufig vor, aber gehen Sie trotzdem nicht achtlos daran vorbei, wenn Sie es finden – sammeln Sie so viel wie möglich davon ein.

Wenn Sie tief genug graben, finden Sie möglicherweise brauchbare Materialien wie Redstone, Gold und Diamanten. Sie können jedoch auch auf Lava stoßen – das Verderben des unachtsamen Bergmanns. Lava fließt langsam und zerstört Gegenstände (und Sie!), also meiden Sie sie und passen Sie auf, dass Ihre kostbaren Erze nicht in die Nähe von Lava fallen.

Schluchten und Canyons

Manchmal stoßen Sie während Ihrer Expeditionen oder Bergarbeiten auf *Schluchten*. Diese schmalen, tiefen Spalten können unter der Erde oder an der Oberfläche erscheinen. Schluchten können zwar viel Lava und zahlreiche Monster enthalten und es ist mühsam, sich darin umherzubewegen; aber sie haben eine große Oberfläche und eignen sich gut für das Auffinden von Mineralien.

 Wenn Ihnen der Abbau Spaß macht und Sie die meiste Zeit mit Ihrer Spitzhacke in der Hand verbringen, bauen Sie sich einen kleinen Rückzugsort unter der Erde. Ihr Haus muss nicht auf Gras stehen.

Abbau in Stollen

Wenn Sie Minecraft-Einsteiger sind und noch nicht das nötige Waffenarsenal beisammen haben, um in einer Höhle zu bestehen, ist die Anlage eines Stollens eine gute effektive Möglichkeit, um zahlreiche Steine und Mineralien zu gewinnen.

Mit den folgenden Schritten graben Sie einen Stollen:

1. Graben Sie sich unter der Erde Ihren Weg.

Graben Sie sich einen beliebigen Weg oder lesen Sie weiter unten den Abschnitt »Treppenförmige Stollen«.

Graben Sie nicht senkrecht nach unten; Sie könnten in einen Schacht oder in Lava fallen.

Am Grund jeder Welt befindet sich eine Schicht aus nicht abbaubarem *Grundgestein*. Die Statistiken haben gezeigt, dass Erze in Minecraft meist nur ein paar Blöcke über dieser Schicht liegen. Graben Sie also, bis Ihre y-Koordinate etwa 13 ist (drücken Sie die ⌐ F3 ⌐-Taste, um diesen Wert zu sehen).

2. Graben Sie einen Tunnel.

Der kleinste Tunnel, in den Ihre Figur hineinpasst, ist einen Block breit und zwei Blöcke hoch. Verwenden Sie Fackeln, um den Bereich zu beleuchten – ansonsten wird der Tunnel ungebetene Gäste anziehen.

3. Bauen Sie weitere Tunnel, die vom ersten abzweigen.

Wenn Sie weitere Tunnel bauen, die von der Hauptroute abzweigen, können Sie in einem größeren Bereich nach Erzen suchen. Positionieren Sie die Tunnel zwei Blöcke auseinander, sodass Sie eine größere Oberfläche absuchen können und nichts übersehen (siehe Abbildung 5.2).

Abbildung 5.2: Eine große Oberfläche untersuchen

Stollen sind sinnvoll, weil Sie damit viel Erz abbauen können. Jedoch ist der Werkzeugverschleiß bei dieser Art von Bergbau hoch, weil Sie sich durch große Steinmengen hindurchgraben müssen. Außerdem erhalten Sie mehr Pflasterstein als wertvolle Materialien. Das Anlegen von Stollen ist eine sinnvolle Methode, wenn Sie Geduld haben und ein Projekt planen, für das Sie viel Pflasterstein benötigen.

Treppenförmige Stollen

Mit der Treppenmethode graben Sie tief und schnell, um nach Höhlen zu suchen, finden eine geeignete Stelle für einen Stollen, suchen unterwegs nach Mineralien oder bauen sich einfach eine hübsche Treppe.

 Steigen Sie immer nur eine Stufe auf einmal hinab, sonst haben Sie Schwierigkeiten zurückzukehren. Abbildung 5.3 zeigt eine Treppe, die nur minimale Arbeit macht.

Abbildung 5.3: In einer Mine eine Treppe hinabsteigen

 Stellen Sie Treppenblöcke her (hölzerne Treppen, Pflastersteintreppen und weitere werden in Kapitel 4, »Blöcke und Gegenstände« beschrieben), sodass das Herabsteigen weniger anstrengend wird. (In Kapitel 3, »Langfristige Hindernisse überwinden«, erfahren Sie, dass Ihr Avatar beim Springen sehr hungrig wird.) Erhöhen Sie die Decke Ihrer Treppe, damit Ihr Abstieg schneller und einfacher wird.

Abbau im Steinbruch

Ein *Steinbruch* ist die einfachste Art einer Mine und eine praktische Möglichkeit, viel Pflasterstein zu erlangen und dabei sicherzustellen, dass Sie keine Materialien übersehen. Graben Sie einfach ein Rechteck in den Boden und dann ein weiteres darunter und so weiter, bis Sie ein großes Loch haben, aus dem Sie jede mögliche Ressource ausgegraben haben. Bauen Sie eine Treppe oder Leiter, um den Steinbruch zu verlassen und wieder zu betreten. Abbildung 5.4 zeigt einen klassischen Steinbruch.

 Obwohl Steinbrüche viel Material produzieren und sicher abgebaut werden können, brauchen Sie dafür viel Geduld, weshalb diese Form des Abbaus normalerweise nicht empfehlenswert ist. Wenn Sie es jedoch probieren möchten, können Sie Steinbrüche problemlos zu unterirdischen Gebäuden umfunktionieren.

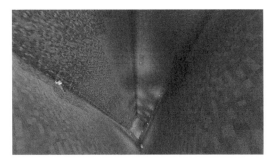

Abbildung 5.4: Ein klassischer Steinbruch mit Ranken zum Auf- und Absteigen

Die perfekte Landwirtschaft aufziehen

Zwar ist es in Minecraft nicht zwingend erforderlich, dass Sie Landwirtschaft betreiben. Es lohnt sich jedoch, eine zuverlässige Quelle erneuerbarer Ressourcen zu besitzen. Viele unterschiedliche Objekte (vor allem Pflanzen) können in Minecraft angebaut werden, wie in diesem Abschnitt gezeigt.

Feldfrüchte

Erntbare Objekte wie Weizen, Melonen und Kürbisse passen zur allgemeinen Definition von Landwirtschaft in Minecraft, weil sie gut bestelltes Ackerland benötigen. Gehen Sie folgendermaßen vor, um eine Landwirtschaft aufzuziehen:

1. **Suchen Sie sich einen gut beleuchteten Bereich, der aus Gras oder Erde besteht.**

   Wenn der Bereich nicht gut beleuchtet ist, stellen Sie einige Fackeln her. Ein flacher Arbeitsbereich macht die Aufgabe leicht, obwohl es nicht zwingend erforderlich ist.

2. **Stellen Sie eine Hacke her (wie in Kapitel 4, »Blöcke und Gegenstände«, beschrieben) und benutzen Sie sie.**

   Sie können mit der rechten Maustaste auf den Boden klicken, um die Hacke zu benutzen, um Ackerland zu bearbeiten.

3. **Finden Sie eine nahegelegene Wasserquelle und klicken Sie diese mit der rechten Maustaste an, während Sie einen Eimer halten. Klicken Sie erneut mit der rechten Maustaste, während Sie den vollen Eimer halten, um das Wasser in der Nähe Ihrer Feldfrüchte auszugießen.**

   Graben Sie ein Bewässerungsloch oder einen Kanal in Ihre künftige Farm. Dadurch wird das gesamte nahegelegene Ackerland bewässert. Trockenes Ackerland wächst langsamer und erschöpft sich nach einer Weile, wenn keine Feldfrüchte darauf gepflanzt wurden.

   Das Rezept für einen Eimer finden Sie im Anhang.

4. Umzäunen Sie Ihre Farm.

Wenn Ackerland betreten wird, wird es zerstört. Halten Sie Tiere von Ihren Pflanzen fern, indem Sie Ihr Land einfrieden. Zäune und Zauntore sind gut geeignet.

Nachdem Sie diese Aufgaben erledigt haben, sind Sie bereit, Feldfrüchte zu ernten!

Weizen, Karotten und Kartoffeln

Weizen, Karotten und Kartoffeln sind relativ einfach anzubauen. Gehen Sie einfach folgendermaßen vor:

1. Sammeln Sie Samen und Gemüse.

Wenn Sie Blöcke mit hohem Gras abbauen oder Grasblöcke mit der Hacke bearbeiten, erhalten Sie manchmal Weizensamen. Karotten und Kartoffeln finden Sie in Dörfern oder erhalten sie, wenn Sie Zombies töten.

2. Klicken Sie mit der rechten Maustaste auf das Ackerland, um Saatgut, Karotten oder Kartoffeln auszubringen.

Winzige grüne Stängel erscheinen auf dem Block.

3. Warten Sie, bis die Pflanzen vollständig ausgewachsen sind.

Weizen ist in reifem Zustand meist gelb und braun; Karotten und Kartoffeln sind zur Ernte bereit, wenn die Köpfe des Gemüses aus dem Boden sehen. Arbeiten Sie an anderen Aufgaben, während Sie warten. Sie können auch Knochenmehl (aus Skelettknochen) verwenden, damit Ihre Feldfrüchte sofort reif werden.

4. Bauen Sie die Feldfruchtblöcke ab, um Ihre Ernte einzufahren.

Pflanzen Sie Weizen, Karotten und Kartoffeln, bis Ihr Ackerland damit bedeckt ist, und behalten Sie den Rest als Profit. Abbildung 5.5 zeigt eine florierende Landwirtschaft.

Abbildung 5.5: Getreideanbau

Mit dieser Strategie können Sie eine Landwirtschaft aufziehen, die Nahrungsmittel für Sie produziert, während Sie hinausgehen und das Spiel genießen.

Melonen und Kürbisse

Der Anbau großer Pflanzen wie Melonen und Kürbisse macht ein bisschen Arbeit. Mit den folgenden Schritten beginnen Sie eine Landwirtschaft wie die in Abbildung 5.6:

Abbildung 5.6: Melonen- und Kürbisanbau

1. Sammeln Sie Saatgut.

Sie können sowohl Melonen- als auch Kürbissamen in verlassenen Minen in Truhen finden. Zusätzlich können Sie aus natürlich gefundenen Kürbissen Saatgut herstellen. Melonensamen können aus Melonenscheiben hergestellt werden, die Sie durch den Handel mit Dorfbewohnern erhalten können, wie in Kapitel 8, »Die vom Menschen erschaffene Welt«, beschrieben.

2. Klicken Sie mit der rechten Maustaste auf das Ackerland, um Saatgut auszubringen.

Im Gegensatz zu Weizenfeldern muss dieses Ackerland an Gras oder Erde angrenzen. Wenn aus dem Saatgut Stängel entstehen, hängen sie über und es entstehen neben ihnen Melonen oder Kürbisse. Um viele Melonen und Kürbisse anzubauen, kultivieren Sie eine Reihe Ackerland neben einer Reihe Erde und verteilen überall Wasserlöcher.

3. Warten Sie.

Wenn Sie Knochenmehl auf Samen geben, werden sie schneller zu ausgewachsenen Pflanzen, die jedoch noch keine Früchte tragen. Kürbisse und Melonen benötigen etwas Zeit, um zu wachsen. Stellen Sie sicher, dass diese Ackerfrüchte Platz zu ihrer Entwicklung haben, und arbeiten Sie in der Zwischenzeit an anderen Aufgaben.

4. Ernten Sie die Feldfrüchte.

Ernten Sie nicht die Stängelblöcke, sondern die Kürbis- und Melonenblöcke, die sich daneben bilden. Wenn Sie Kürbisse angebaut haben, können Sie Kürbissamen daraus herstellen, um Ihre Landwirtschaft auszubauen. Wenn Sie Melonen angebaut haben, erhalten Sie durch den Abbau der Blöcke Melonenscheiben, die Sie essen oder zu Saatgut verarbeiten können.

Sonstige Pflanze

Der vorherige Abschnitt beschäftigt sich mit den klassischen Feldfrüchten. Die nächsten Abschnitte beschreiben weitere Dinge, die Sie anbauen und nutzen können.

Zuckerrohr

Zuckerrohr besteht aus grünem Rohr, das natürlich neben Wasserkörpern wächst. Wenn Sie mindestens einen Zuckerrohrblock sammeln, genügt das, um eine Zuckerrohrplantage anzulegen, ähnlich der in Abbildung 5.7 gezeigten. Zuckerrohr eignet sich für die Massenproduktion: Papier und Gegenstände wie Bücherregale benötigen viele Rohre zur Herstellung und Zucker brauchen Sie für Objekte wie Kuchen und Tränke.

Abbildung 5.7: Kakteen- und Zuckerrohranbau

Glücklicherweise ist Zuckerrohr leicht anzubauen. Gehen Sie einfach folgendermaßen vor:

1. **Finden (oder erzeugen) Sie einen Ort, der Wasser enthält.**

   Zuckerrohr wächst nur neben Seen oder Teichen. Beachten Sie, dass es nur auf Gras, Erde oder Sand wachsen kann.

2. **Platzieren Sie Zuckerrohr auf die übliche Weise neben dem Wasser.**

   Wenn Sie mehrere Zuckerrohre an einer geeigneten Stelle platzieren, breitet sich die Plantage vertikal aus, bis sie drei Blöcke hoch ist.

3. **Nachdem das Zuckerrohr voll ausgewachsen ist, ernten Sie alles bis auf den untersten Block.**

   Wenn Sie die Blöcke in der Mitte abernten, bricht der obere Teil in Einzelelemente auseinander. Der untere Block beginnt erneut zu wachsen.

Das Grundkonzept besteht darin, eine kleine Zuckerrohrplantage zu pflanzen, sie wachsen zu lassen und sie dann abzumähen, damit sie nachwachsen kann.

 Bei flachem Boden befinden Sie sich in Augenhöhe mit dem Punkt, an dem Sie das Zuckerrohr abernten sollten. Gehen Sie mit dem Fadenkreuz auf Augenhöhe herum, während Sie die linke Maustaste gedrückt halten, um alles Zuckerrohr schnell abzuernten.

Kakteen

Kakteen sind stachelige Wüstenpflanzen, die für die Herstellung von Fallen oder grünem Farbstoff genutzt werden können. (Betrachten Sie dazu die kleine Kaktusfarm in Abbildung 5.7.) Normalerweise finden Sie Kakteen in der Wüste. Sie können sie ähnlich wie Zuckerrohr anbauen (siehe voriger Abschnitt). Es gibt jedoch einige Besonderheiten, weil sie

✔ kein Wasser benötigen und auf Sand platziert werden müssen

✔ nicht neben anderen Blöcken platziert werden können

✔ stachelig sind und Gegenstände zerstören

Ernten Sie den gesamten Kaktus und pflanzen Sie ihn neu an – so werden keine Teile Ihrer Ernte durch andere Kakteenblöcke zerstört.

Kakaobohnen

Kakaobohnen benötigen Sie für die Herstellung braunen Farbstoffs und als Zutat für Kekse. Kakaobohnen finden Sie am besten bei einer Dschungelexpedition – die Bohnen wachsen in Schoten, die von den Bäumen hängen. Grüne und gelbe Schoten sind noch nicht vollkommen ausgereift, orangefarbene enthalten mehrere Kakaobohnen, wenn Sie sie abbauen.

Der Anbau von Kakaobohnen ist leicht. Um eine Schote zu platzieren, wählen Sie sie im Inventar aus und klicken mit der rechten Maustaste auf Dschungelholz. Dann brechen Sie die Schote, wenn sie orange wird, um viele Kakaobohnen zu ernten. Zum Aufbau Ihrer Farm erzeugen Sie eine große Wand aus Dschungelholz.

Netherwarzen

Netherwarzen wachsen in bestimmten Räumen in der Netherfestung. Sie erhalten Netherwarzen, indem Sie voll ausgewachsene Netherwarzen abbauen (siehe Abbildung 5.8). Netherwarzen eignen sich für die Herstellung von Tränken (siehe Kapitel 6, »Durch Erfindergeist überleben«). Zum Anbau von Netherwarzen pflanzen Sie sie in Seelensandblöcke und warten, bis sie wachsen, ähnlich wie Weizen. (Seelensand müssen Sie nicht bearbeiten.)

Bäume

Baumschulen sind nicht besonders weit verbreitet. Ihre Anlage ist jedoch sinnvoll, wenn sie an einem Ort leben, an dem es nur wenige Bäume gibt, oder wenn Sie eine Holzquelle benötigen, während Sie unter der Erde sind. Möchten Sie anpflanzen, sammeln Sie Setzlinge – die gelegentlich herabfallen, wenn Sie Blätterblöcke brechen – und klicken Sie dann mit der rechten Maustaste, um sie auf Erde oder Gras in einem gut beleuchteten Bereich zu platzieren (denken Sie daran, dass Bäume viel Platz zum Wachsen benötigen).

Wenn Sie ein Quadrat aus vier Dschungelsetzlingen pflanzen und einen davon mit Knochenmehl versorgen, wächst ein Riesenbaum heran.

Abbildung 5.8: Netherwarzen anbauen

Tiere

Sie können Tierfarmen nutzen, um ohne viel Mühe Ressourcen wie Schweinefleisch oder Wolle zu erlangen. Tiere folgen Ihnen, wenn Sie sie mit Weizen locken; lotsen Sie sie also in einen eingezäunten Bereich, um Ihre Landwirtschaft aufzubauen. Hühner locken Sie stattdessen mit Samen an.

Wenn Sie mit der rechten Maustaste auf zwei Tiere derselben Spezies klicken, während Sie Weizen halten (verwenden Sie Samen für Hühner), bringen diese ein Baby hervor.

 Die Wolle eines Lamms hat dieselbe Farbe wie seine Eltern. Um eine bestimmte Wollfarbe zu erzielen, klicken Sie einige Schafe mit der rechten Maustaste an, während Sie Farbe halten. So färben Sie sie ein. Anschließend beginnen Sie mit ihnen eine Landwirtschaft. Die Wolle geschorener Schafe wächst nach, wenn sie Gras fressen.

Pilze

Zwar breiten sich Pilze langsam aus, wenn es dunkel genug ist; aber die weitläufigen, dunklen Bereiche einer Farm könnten Monster anziehen. Wenn Sie die Beleuchtung nicht perfektionieren möchten, wenden Sie auf einen gepflanzten Pilz Knochenmehl an, damit er zu einem Riesenpilz heranwächst (siehe Abbildung 5.9). Mit Riesenpilzen können Sie eine gigantische Ernte einfahren, sobald Sie sie abbauen.

Abbildung 5.9: Riesenpilze

Durch Erfindergeist überleben

In diesem Kapitel

▶ Architektonische Meisterwerke erbauen

▶ Schaltkreise mit Redstone konstruieren

▶ Waffen, Werkzeuge und Rüstung mit speziellen Kräften verzaubern

▶ Im Kreativmodus spielen

*D*ieses Kapitel zeigt Ihnen die eher technischen und konstruktiven Aspekte von Minecraft. Sie erfahren, wie Sie erstaunliche Gebäude, Maschinen und Schaltkreise konstruieren, Werkzeuge mit speziellen Kräften ausstatten und im Kreativmodus Ihren Erfindungsreichtum ausspielen. Vielleicht dauert es eine Weile, bis Sie den Umgang mit diesen Techniken beherrschen – aber es lohnt sich auf jeden Fall!

Meisterwerke erbauen

Die architektonische Betätigung ist ein äußerst zufriedenstellendes Hobby in Minecraft. Es stillt in gewisser Weise das Bedürfnis nach Vollendung, auch wenn Sie niemals wirklich fertig sein können. Wenn Ihnen danach ist, ein riesiges Haus, ein Schloss, eine Baumfestung oder ein anderes Gebäude zu bauen, kommen Sie mit den folgenden Schritten schnell zum Ziel.

1. Beschaffen Sie sich die wichtigsten Baumaterialien.

Bauen Sie Bäume ab, graben Sie Steinbrüche aus oder sammeln Sie Kohle und schmelzen Sie glatten Stein – sammeln Sie in einem Durchgang alle Blöcke, damit Sie später nicht zurückkehren müssen. Möchten Sie beispielsweise eine hölzerne Struktur bauen, sollten Sie bedenken, dass fast alle Holzelemente aus Holzblöcken hergestellt werden können – sammeln Sie einfach alles, was Sie benötigen, und vorsichtshalber ein bisschen mehr. Für größere Projekte benötigen Sie möglicherweise mehrere Hundert Blöcke.

2. Gehen Sie zur Werkbank und verwenden Sie einen Teil der Ausgangsmaterialien, um Treppen, Stufen, Leitern, Zäune und Tore herzustellen (wie in Kapitel 4, »Blöcke und Gegenstände«, beschrieben).

Stellen Sie stets mehr her, als Sie Ihrer Ansicht nach benötigen. So können Sie sicher sein, dass Sie nicht zur Werkbank zurückkehren müssen. Alternativ nehmen Sie die Werkbank mit.

3. Bauen Sie den Rahmen des Gebäudes und füllen Sie ihn.

Ab jetzt können Sie Ihr Gebäude völlig frei erstellen. Fügen Sie Details wie Stufen, Treppen und Falltüren hinzu. Abbildung 6.1 zeigt Ihnen ein Beispiel. Sie können Stufen und Treppenblöcke sogar an der Decke platzieren, sodass Sie umgekehrte Profilleisten erhalten. Treppen und Stufen lassen sich aus unterschiedlichen Materialien erzeugen.

Abbildung 6.1: Ausgefeilte Bauwerke

Ingenieurarbeit mit Redstone

Redstone ist ein eher komplexes Minecraft-Konzept. Sie erhalten *Redstone*staub, wenn Sie Redstoneerz unter der Erde abbauen. Diesen Staub können Sie wie ein Kabel über den Boden ausbreiten, ihn an Hebeln oder Türen anbringen und Fackeln sowie Verstärker daraus herstellen, um Maschinen zu bauen.

Ob Sie nun einen Hebel konstruieren möchten, der zwei Aufgaben gleichzeitig durchführt, ein Kombinationsschloss oder einen riesigen virtuellen Computer – all dies ist durch die intelligente Anordnung von Redstonestaub möglich!

 Wenn Sie diesen Abschnitt von Anfang bis Ende lesen möchten, sollten Sie ein neues Spiel im Kreativmodus beginnen (siehe Abschnitt »Im Kreativmodus spielen« weiter hinten in diesem Kapitel) und selbst Maschinen bauen, indem Sie den Anleitungen folgen. Für Minecraft-Neulinge ist dieses Kapitel recht anspruchsvoll. Eine technische Referenz finden Sie im Abschnitt »Redstonestrom anwenden« weiter hinten in diesem Kapitel.

Energie mit Redstonekabeln übertragen

Einfach ausgedrückt, leitet Redstonestaub Energie. Nehmen Sie einen Klumpen Redstonestaub und klicken Sie mit der rechten Maustaste auf den Boden, um den Redstonestaub dort zu platzieren. In diesem Augenblick wird er zu einem *Redstonekabel*. In seinem Grundzustand ist das Redstonekabel ungeladen – es hat also keine Wirkung.

Sobald der Redstone beispielsweise durch einen Hebel, einen Stolperdraht oder eine Druckplatte mit Energie versorgt wird, beginnt das Kabel rot zu glühen und überträgt Energie, um Türen zu öffnen, Explosionen auszulösen oder Automaten zu aktivieren. Die Druckplatte in Abbildung 6.2 ist mit einem Mechanismus verbunden, der drei Sprengladungen gleichzeitig zündet.

Abbildung 6.2: Einfacher Mechanismus

Redstonestaub kann Energie übertragen und weitere Aufgaben übernehmen, für die Sie normalerweise einen Hebel ziehen müssen. Er kann

✔ **sich selbst automatisch ausrichten:** Nachdem Sie Redstonestaub platziert haben, erscheint er als kleines Kabel, das in alle Richtungen Energie übertragen kann. Sobald Sie mehr Staub oder bestimmte Mechanismen daneben platzieren, verläuft der Staub gemäß seiner jeweiligen Aufgabe in Geraden, um Ecken und Kurven.

✔ **sich 15 Blöcke von der Energiequelle entfernen:** Geladenes Redstonekabel wird dunkler, wenn es sich von seiner Energiequelle entfernt. Sobald das Kabel eine Entfernung von 15 Blöcken von der Energiequelle hat, kann es keine weitere Energie übertragen. Verwenden Sie Mechanismen oder Gegenstände wie Redstoneverstärker (im nächsten Abschnitt beschrieben), um das Kabel zu verlängern.

✔ **Blöcke erklettern:** Ihr Design muss nicht zweidimensional sein. Redstonekabel können entlang eines einzelnen Blocks nach oben oder unten verlaufen, sodass Sie Treppen bauen können, die den Strom nach oben oder unten leiten. Allerdings darf die Redstoneleitung dabei nicht unterbrochen werden, wie Abbildung 6.3 zeigt.

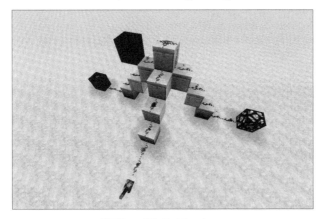

Abbildung 6.3: Redstonetreppe

Durch die Nutzung von Energie in Ihrer Welt können Sie mit einem einzigen Knopfdruck große Ziele erreichen.

Weitere Redstone-Mechanismen nutzen

Natürlich können Sie Ihre Redstonekreationen mit noch weiteren Elementen verbessern. So erzielen Sie ausgefeilte Schaltkreise und erreichen interessantere Ziele.

Redstonefackel

Eine _Redstonefackel_ fertigen Sie mit Redstonestaub und einem Stock an. Sie bietet eine konstante Energiequelle für Objekte neben, über und unter ihr. Sie kann auf Böden oder an Wänden platziert werden. Sie kann auch den Block direkt über ihr mit Energie versorgen.

Redstonefackeln brennen niemals von alleine aus; Sie können sie jedoch ausschalten, indem Sie die Blöcke, auf/an der sie platziert werden, mit Energie versorgen (siehe Abbildung 6.4).

Abbildung 6.4: Redstonefackeln

Redstonefackeln können also von anderen Teilen des Schaltkreises ausgeschaltet werden. Deshalb sind mit der intelligenten Anordnung von Redstonefackeln wirkungsvolle Schaltkreise wie Kombinationsschlösser oder Programme möglich.

Redstoneverstärker

Redstoneverstärker sind interessante kleine Mechanismen, die wie Redstonekabel auf dem Boden platziert werden können; Sie haben damit aber verschiedene weitere Möglichkeiten:

✔ **Redstoneverstärker übertragen die Energie nur in eine Richtung:** Wenn Sie einen Verstärker platzieren, zeigt die Ausgabe von Ihnen weg. Ein Verstärker überträgt den Strom nach einer kurzen Verzögerung.

✔ **Mit Redstoneverstärkern können Sie Ihrem Schaltkreis eine Verzögerung hinzufügen:** Klicken Sie einen Verstärker mit der rechten Maustaste an, um die Durchlaufzeit des Stroms zu verändern. Mit einer Verzögerung können Sie Zeitschaltuhren erzeugen und ausgedehnte Schaltkreise steuern.

✔ **Redstoneverstärker erweitern die Reichweite eines Kabels über die üblichen 15 Blöcke hinaus:** Dadurch kann sich der Strom so weit bewegen, wie Sie möchten. Abbildung 6.5 zeigt Beispiele für die Verwendung von Redstoneverstärkern.

Abbildung 6.5: Redstoneverstärker

Wenn Sie einen weiteren Redstoneverstärker so platzieren, dass er einen anderen Verstärker von einer Seite mit Strom versetzt, blockieren Sie den Ein-Aus-Wert des zweiten Verstärkers. Nun kann der Schaltkreis binäre Daten speichern, was für komplexere Anordnungen interessant ist.

 Leiten Sie einen Redstoneverstärker in einen Block, um einen Energieblock zu erzeugen.

Redstonestrom anwenden

Mit Strom können Sie beispielsweise Türen öffnen, Blöcke mit Kolben bewegen, Explosionen verursachen, Musik abspielen oder grundlegende Aufgaben erledigen. Die folgende Liste beschreibt Objekte auf Redstonebasis und ihre Verwendung sowie mechanische Gegenstände, die Sie mit Redstone unter Strom setzen können:

✔ **Redstonekabel:** Ein Kabel, das benachbarte Kabel und Verstärker, den Block, auf dem es liegt, und alle Blöcke oder Mechanismen, auf die es zuläuft, mit Energie versorgt. Weitere Informationen haben Sie im Abschnitt »Energie mit Redstonekabeln übertragen« weiter vorne in diesem Kapitel erhalten.

✔ **Energieblöcke:** Diese Blöcke versorgen alle benachbarten Mechanismen mit Energie. Eis und Glas können nicht mit Energie versorgt werden.

✔ **Redstonefackel:** Eine Energiequelle, die alle benachbarten Mechanismen beeinflusst, einschließlich der darüber und darunter liegenden. Sie versorgt auch den direkt darüber liegenden Block. Details über Redstonefackeln haben Sie im Abschnitt »Redstonefackel« erhalten.

✔ **Redstoneverstärker:** Dieser Block kann von allen hinter ihm liegenden Objekten mit Energie versorgt werden und kann alles vor ihm Liegende mit Energie versorgen (mit einer kleinen Verzögerung). Mehr darüber haben Sie im Abschnitt »Redstoneverstärker« erfahren.

✔ **Hebel:** Eine Art Schalter, der benachbarte Mechanismen sowie den Block, auf dem er platziert wurde, beeinflusst. Sie können einen Hebel durch Anklicken mit der rechten Maustaste ein- oder ausschalten. Hebel lassen sich auf jeder Oberfläche platzieren.

✔ **Knopf:** Eine Art Schalter, der temporären Strom an benachbarte Mechanismen und an den Block, auf dem er platziert wird, sendet. Außer mit einem Rechtsklick können Sie einen Holzknopf aktivieren, indem Sie mit einem Pfeil darauf schießen. Sie können Knöpfe nur an Wänden platzieren.

✔ **Haken:** Eine Art Schalter, der benachbarte Mechanismen und den Block, an dem er angebracht ist, beeinflusst. Haken können nur an Wänden platziert werden. Platzieren Sie zwischen zwei Haken einen Faden, um einen *Stolperdraht* zu anzufertigen – die Haken werden mit Energie versorgt, wenn auf den Stolperdraht getreten oder der Faden ohne Schere zerrissen wird.

✔ **Druckplatte:** Eine Art Schalter, der Energie auf benachbarte Mechanismen und auf den darunter liegenden Block überträgt, sobald Gewicht darauf kommt. Holzdruckplatten können von jedem beliebigen Objekt aktiviert werden, während Steindruckplatten nur dann aktiviert werden können, wenn das Objekt mindestens hühnergroß ist.

✔ **Sensorschiene:** Eine Schiene, die ähnlich funktioniert wie eine Druckplatte. Sie überträgt Energie, sobald eine Lore sie überquert, und wirkt sich auf benachbarte Mechanismen und den darunter liegenden Block aus.

✔ **Redstonelampe:** Eine Lampe, die Licht aussendet, solange sie eingeschaltet ist. Sie ist ein vollständiger Block, weshalb sie auch die Eigenschaften eines Energieblocks haben kann.

✔ **Antriebsschiene** oder **Booster-Schiene:** Eine elektrisch aufgeladene Schiene, die andere Schienen mit Energie versorgt (innerhalb eines Bereichs von neun Blöcken). Beim Einschalten beschleunigt die Booster-Schiene Loren; wenn sie nicht eingeschaltet ist, verlangsamt sie sie bis zum Stillstand.

✔ **Kolben:** Eine Vorrichtung, die Blöcke schiebt, aber Redstonegeräte zerstört. Durch das Schieben von Blöcken können Sie Schaltkreise beeinflussen. Ein Kolben kann durch eine beliebige Stromquelle aktiviert werden.

✔ **Türen, Zauntore, Falltüren, TNT, Werfer** und **Notenblöcke:** Mechanische Gegenstände, die durch jede beliebige Energiequelle aktiviert werden können (wie im Anhang beschrieben).

Komplexere Redstoneschaltkreise

Mit Redstone sind viele spannende Dinge möglich. Sie können sogar Computer, Rechenmaschinen und virtuellen RAM erzeugen. Zuerst müssen Sie verstehen, wie Sie Redstoneschaltkreise erzeugen.

Das NOT-Gatter

Nehmen wir an, dass ein Redstonekabel durch Ihren Schaltkreis läuft. Wenn die Leitung durch ein NOT-Gatter läuft, kehrt sich ihr Wert um: Aus wird zu Ein und aus Ein wird Aus. Dies eignet sich für Befehle wie etwa »Wenn die Druckplatte nicht ausgelöst wird, spiele die

Musik ab.« Das in Abbildung 6.6 gezeigte NOT-Gatter basiert auf Fackeln, die von Natur aus aktiv sind, aber durch aktiven Strom ausgeschaltet werden können.

NOT-Gatter   OR-Gatter   AND-Gatter   XOR-Gatter

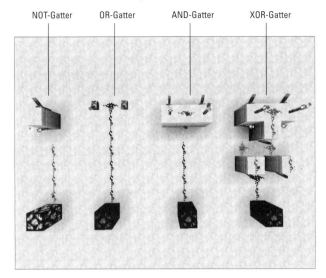

Abbildung 6.6: NOT-, OR-, AND- und XOR-Gatter bauen

Das OR-Gatter

Das OR-Gatter ist zweifellos eines der einfachsten Gatter. Es besagt: »Wenn einer dieser beiden Redstoneströme aktiviert ist, schalte diesen dritten Strom an.« Um ein solches Gatter zu erzeugen, verbinden Sie einfach zwei separate Schaltkreise.

Das AND-Gatter

Das AND-Gatter ist von der Konstruktion her schwieriger. Sie können damit etwa den folgenden Befehl erzeugen: »Schalte diesen Schaltkreis nur dann ein, wenn beide dieser anderen Schaltkreise laufen«. Die in Abbildung 6.6 gezeigte Einrichtung zeigt ein einfaches AND-Gatter.

Das XOR-Gatter

Das XOR-Gatter besagt: »Schalte diesen Schaltkreis nur dann an, wenn einer der beiden anderen Schaltkreise aktiv ist.« Die in Abbildung 6.5 gezeigte Lösung mag etwas kompliziert wirken; es ist aber nur AND, NOT und OR in einem: Das OR-Gatter schaltet die Ausgabe an, wenn einer der beiden Hebel aktiviert ist, und das AND- und das NOT-Gatter schalten sie wieder aus, wenn beide Hebel ausgeschaltet sind.

Konstruktionen mit mehreren Schaltkreisen

Um weitere Erfahrungen mit der Redstonekonstruktion zu sammeln, ersetzen Sie die Hebel in den Gattern durch Redstonekabel und verbinden Sie die Gatter miteinander. Abbildung 6.7 zeigt zwei unterschiedliche Möglichkeiten, einen Schaltkreis zu bauen. In Abbildung 6.8 sehen Sie ein Diagramm des Schaltkreises.

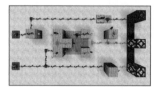 

Abbildung 6.7: Redstonekonstruktion

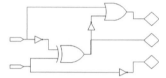

Abbildung 6.8: Schaltkreis

Falls es Sie interessiert – dieser Schaltkreis fügt jedem zweistelligen Binäreingang 3 hinzu und drückt die Antwort in binärer Form aus.

Wenn Sie diesen Abschnitt nicht ganz verstanden haben, aber trotzdem Redstone nutzen möchten, kopieren Sie die gezeigten Modelle einfach oder studieren Sie die Designs anderer Nutzer im Internet. Verstecken Sie Ihre Mechanismen im Untergrund, wenn sie funktionieren sollen, ohne dass sie öffentlich sichtbar sind.

Waffen, Werkzeuge und Rüstungen verzaubern

Verzauberung wird Ihnen zugänglich, sobald Sie ein wenig Zeit in Minecraft verbracht und eine Menge Materialien gesammelt haben. Mit diesem Verfahren versehen Sie bestimmte Objekte mit besonderen Kräften, wodurch sie wirkungsvoller werden – zum Beispiel wird eine Spitzhacke dadurch beim Bergbau schneller oder ein Paar Stiefel mildert Schäden beim Herabfallen ab.

Zum Verzaubern von Objekten benötigen Sie einen Zaubertisch, den Sie aus Diamant, Obsidian und einem Buch herstellen. (Das Rezept finden Sie im Anhang.) Sie benötigen in der Regel nur einen dieser Tische. Platzieren Sie ihn auf dem Boden, um mit dem Zaubern zu beginnen. Sorgen Sie sich nicht um den Verlust Ihrer Diamanten; Zaubertische sind viel zu stabil, um durch Creeper oder andere Gefahren zerstört zu werden.

Ein Objekt verzaubern

Nachdem Sie einen Zaubertisch erzeugt haben, verzaubern Sie mit den folgenden Schritten ein Objekt:

1. **Klicken Sie mit der rechten Maustaste auf den Zaubertisch, um das Menü Verzaubern zu öffnen (siehe Abbildung 6.9). Es besteht aus einem Quadrat, in dem Sie das zu verzaubernde Werkzeug, die Waffe oder Rüstung platzieren können. Außerdem enthält es drei Felder, die die verfügbaren Verzauberungen anzeigen.**

Abbildung 6.9: Menü Verzaubern

2. **Platzieren Sie das Element in dem Quadrat, das Sie verzaubern möchten.**

Wenn das Element verzaubert werden kann, erscheinen drei Felder. Jedes enthält eine grüne Zahl (die größte befindet sich in der untersten Reihe). Dies ist der Grad der Verzauberung – die grüne Zahl über der Erfahrungsleiste zeigt die Zahl der Level, die Sie mit Verzauberung verbringen müssen. Die Felder erscheinen ausgegraut, wenn Sie sie nicht nutzen können, weil Sie zu wenig Punkte haben.

3. **Klicken Sie auf ein vorhandenes Feld, um das ausgewählte Objekt mit einem zufälligen Zauber zu belegen.**

Je höher die angezeigte Zahl ist, desto größer ist die Chance, eine mächtige Verzauberung zu erhalten!

Die Wirkung von Verzauberungen verstärken

Es gibt bis zu 30 Level für Verzauberungen. Dadurch werden sie besonders wirkungsvoll. Wenn Sie den Zaubertisch ohne Bücherregale platzieren, können Sie jedoch leider nicht über Level 8 hinausgelangen. Sobald Sie zahlreiche Erfahrungspunkte gesammelt haben und das Beste vom Besten möchten, können Sie die Wirkung des Zaubertisches verstärken.

Dazu müssen Sie Bücherregale in seiner Nähe platzieren. Sobald sich ein Bücherregal in der Nähe des Zaubertisches befindet, nimmt dieser die Informationen vom Regal auf und erzeugt mächtigere Verzauberungen. Jedoch müssen die Regale auf eine bestimmte Weise angeordnet werden: Bis zu 32 Stück können um einen einzelnen Zaubertisch angeordnet werden (siehe Abbildung 6.10).

Abbildung 6.10: Wirkungsvoller Zaubertisch

Nur 15 Bücherregale sind erforderlich, um eine Verzauberung der Stufe 30 zu erzielen. Wenn es Ihnen an Erfahrungskugeln mangelt, können Sie noch mehr Regale weglassen. Damit Sie jedoch 15 Bücherregale erhalten, müssen Sie 135 Zuckerrohre ernten und etwa 45 Kühe töten. Es kann sich lohnen, Verzauberungen mit geringem Level auf einige Objekte anzuwenden, bevor Sie weitere Bücherregale anfertigen.

Verzauberungen nutzen

Sobald ein Objekt verzaubert ist, zeigt es die Bezeichnungen aller seiner Verzauberungen unter der Objektbeschriftung an. Manche Verzauberungen werden von römischen Ziffern gefolgt (etwa I, II, III, IV und V), wodurch das Level dieser speziellen Verzauberung angezeigt wird. Verzauberungen wirken erst dann, wenn Sie das verzauberte Objekt nutzen. Die verfügbaren Verzauberungen werden in Tabelle 6.1 bis Tabelle 6.4 aufgezählt.

Verzauberung	Mögliche Level	Wirkung
Effizienz	I, II, III, IV, V	Das Werkzeug baut Blöcke viel schneller ab als normal.
Haltbarkeit	I, II, III	Das Werkzeug ist dauerhafter und kann mehr Blöcke abbauen, bevor es zu Bruch geht.
Glück	I, II, III	Für den Block, der nach dem Abbau neu platziert werden kann (etwa Diamanterz und Melonenblöcke), können Sie zusätzliche Objekte erhalten. Wenn Sie Kies abbauen, erhöht sich die Chance, dass Sie Feuerstein erhalten.
Behutsamkeit	I	Durch diese spezielle Verzauberung erhalten Sie den abgebauten Block als Objekt, selbst wenn Sie dafür normalerweise ein anderes Objekt erhalten würden, etwa Steinkohle und Stein. Ein Objekt mit der Verzauberung der Behutsamkeit kann nicht gleichzeitig mit Glück verzaubert werden und bestimmte Blöcke wie etwa Monster-Spawner können damit nicht abgebaut werden.

Tabelle 6.1: Verzauberungen: Spitzhacke, Axt, Schaufel

Verzauberung	Mögliche Level	Wirkung
Schärfe, Bann, Nemesis der Gliederfüßer	I, II, III, IV, V	Diese Verzauberungen verstärken den Schaden, den das Schwert zufügt, und können nicht gleichzeitig aktiv sein. Bann sorgt für erhöhten Schaden gegen Untote und die Nemesis der Gliederfüßer fügt diesen erhöhten Schaden zu. Schärfe erzeugt etwas geringeren zusätzlichen Schaden.
Rückstoß	I, II	Wenn Sie einen Gegner mit dieser Verzauberung angreifen, wird er viel schneller zurückgeworfen als bei einem normalen Angriff.
Plünderung	I, II, III	Feinde, die Sie mit diesem Schwert töten, verlieren viel mehr Objekte und Sie haben eine größere Chance, dass Sie mit seltenen Objekten belohnt werden.
Verbrennung	I, II	Feinde, die Sie mit diesem Schwert treffen, gehen in Flammen auf und tragen mit der Zeit dauerhaften Schaden davon.

Tabelle 6.2: Verzauberungen: Schwert

Verzauberung	Mögliche Level	Wirkung
Feuer-/Explosionsschutz, Schusssicher, Schutz	I, II, III, IV	Nur ein Schutzzauber kann gleichzeitig angewandt werden und er erhöht die Verteidigungsfähigkeit der Rüstung. Es gibt vier Arten dieser Verzauberung, die Sie vor Verbrennung, Explosion oder Schusswaffen schützen kann – der klassische »Schutz«-Zauber schützt gegen alle Schäden.
Atmung (nur Helm)	I, II, III	Sie können Ihren Atem unter Wasser viel länger anhalten, wenn Sie diesen Helm tragen.
Wasseraffinität (nur Helm)	I	Normalerweise bauen Sie Blöcke unter Wasser viel langsamer ab. Sie können diese Wirkung umgehen, indem Sie diesen Helm tragen.
Federfall	I, II, III, IV	Mit diesen Stiefeln tragen Sie beim Fallen weniger Schaden davon.

Tabelle 6.3: Verzauberungen: Rüstung

Verzauberung	Mögliche Level	Wirkung
Stärke	I, II, III, IV	Mit diesem Bogen abgefeuerte Pfeile erhöhen den Schaden.
Schlag	I, II	Dieser Bogen ist besonders stark, er wirft seine Ziele zurück.
Flamme	I	Mit diesem Bogen abgefeuerte Pfeile werden entzündet und können Ziele in Brand setzen.
Unendlichkeit	I	Dieser Bogen verbraucht keine Pfeile; Sie können ihn nutzen, so lange Sie wollen, wenn Sie mindestens einen Pfeil haben. Von diesem Bogen abgefeuerte Pfeile können Sie nicht wieder aufnehmen.

Tabelle 6.4: Verzauberungen: Bogen

Einige mächtige Verzauberungen haben mehrere dieser Auswirkungen. Beispielsweise könnten Sie eine Spitzhacke mit Effizienz IV, Haltbarkeit II und Glück I verzaubern. Sie können verzauberte Objekte mit einem Amboss kombinieren, wenn Sie nicht die gewünschte Verzauberung erhalten und diese verbessern möchten.

Tränke brauen

Das Brauen von Tränken ist eine weitere Fertigkeit, die Sie erlangen, wenn Sie in Minecraft fortschreiten. Wenn Sie eine Lohenrute erhalten, ein ziemlich fortgeschrittenes Objekt, können Sie mit Pflasterstein einen *Braustand* erzeugen, wie er im Anhang beschrieben wird. Dieses Objekt wird verwendet, um Tränke zu brauen. Sie können sie trinken oder werfen, um unterschiedliche Wirkungen zu erzielen.

Für eine beträchtliche Anzahl Tränke benötigen Sie eine Menge Glasblöcke und Netherwarzen. Sie können Glas herstellen, indem Sie Sand in einem Ofen schmelzen; Netherwarzen finden Sie in Netherfestungen und können sie anbauen, wie in Kapitel 5, »Bergbau und Landwirtschaft«, beschrieben.

Bauen Sie Ihren Braustand neben Ihrer Netherwarzenfarm, damit Sie alles Benötigte zur Hand haben.

Einfache Tränke brauen

Während ich dies schreibe, können Sie elf Arten von Tränken brauen. Für jeden gibt es eine oder zwei Modifikationen und eine *werfbare* Variante. Um Tränke zu brauen, gehen Sie folgendermaßen vor (und betrachten Sie Abbildung 6.11):

1. **Stellen Sie Glasflaschen her (wie in Kapitel 4, »Blöcke und Gegenstände«, beschrieben) und klicken Sie dann mit der rechten Maustaste auf eine Wasserquelle oder einen Kessel, um sie mit Wasser zu füllen.**

   Mit diesen Flaschen können Sie nun Tränke brauen. Stellen Sie so viele Flaschen her, dass Sie alle gewünschten Tränke brauen können.

2. **Klicken Sie mit der rechten Maustaste auf den Braustand und platzieren Sie einige Wasserflaschen in den Feldern.**

   Für die beste Wirkung verwenden Sie drei Flaschen.

3. **Fügen Sie die Grundzutat hinzu.**

   Normalerweise verwenden Sie Netherwarzen als Grundzutat; Sie können aber auch ein fermentiertes Spinnenauge hinzufügen, wenn Sie nur einen Trank der Schwäche (weiter hinten in diesem Kapitel beschrieben) herstellen möchten.

4. Fügen Sie die übrigen Zutaten hinzu.

Wenn Sie Netherwarzen verwendet haben, verwandeln sich die Wasserflaschen in einen sogenannten *Seltsamen Trank*, der keine Auswirkungen hat. Belassen Sie diese Tränke im Braustand und geben Sie weitere Zutaten hinzu, um ihnen die benötigten Charakteristika zu verleihen – siehe Tabelle 6.5.

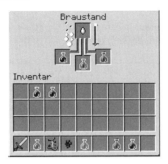

Abbildung 6.11: Menü Braustand

Zutat	Trank	Auswirkung
Glitzernde Melone	Trank der Direktheilung	Ein Teil der Gesundheit wird wiederhergestellt.
Lohenstaub	Trank der Stärke	Sie verursachen mehr Schaden.
Ghastträne	Trank der Regeneration	Ihre Gesundheit regeneriert sich schneller.
Zucker	Trank der Schnelligkeit	Sie können viel schneller rennen.
Magmacreme	Trank der Feuerresistenz	Feuer schadet Ihnen sehr viel weniger. Dieser Trank ist gut geeignet, um eine Lohe zu bekämpfen.
Goldene Karotte	Trank der Nachtsicht	Sie sehen im Dunkeln sehr viel besser.
Spinnenauge	Trank der Vergiftung	Sie erleiden Schaden.
Fermentiertes Spinnenauge	Trank der Schwäche	Ihre Angriffskraft wird temporär reduziert.

Tabelle 6.5: Die wichtigsten Tränke

Tränke anwenden

Um einen Trank zu nutzen, wählen Sie ihn aus und halten Sie die rechte Maustaste gedrückt, um ihn zu trinken. Obwohl Heilungstränke eine Sofortwirkung haben, können andere für ein paar Minuten anhalten. Alle verfügbaren Trankwirkungen werden beim Öffnen des Inventarfensters angezeigt.

Wenn Sie es mit einem gefährlichen Verlust der Gesundheit oder Schwäche zu tun haben, trinken Sie einen Eimer Milch, um alle Vergiftungen zu neutralisieren. Milch erhalten sie, wenn Sie einen Eimer auswählen und mit der rechten Maustaste auf eine Kuh klicken.

Tränke verändern

Nachdem Sie einige Tränke gebraut haben, können Sie ihre Wirkung verändern. Dazu können Sie vier verschiedene Zutaten in die Tränke brauen:

✔ **Redstonestaub:** Erhöht die Dauer eines Tranks ohne Sofortwirkung, wodurch seine Wirkung für eine lange Zeit anhält. Er neutralisiert die Wirkung von Glowstone, der im nächsten Punkt beschrieben wird.

✔ **Glowstonestaub:** Verstärkt die Wirkung und Effizienz von Tränken, falls dies möglich ist. Er neutralisiert die Wirkung von Redstone.

✔ **Schwarzpulver:** Verwandelt Tränke in *werfbare Tränke*, deren Flasche anders geformt ist. Sie können diese Tränke durch einen Klick mit der rechten Maustaste werfen. Wenn ein werfbarer Trank auf ein Objekt trifft, explodiert er und wendet die Wirkung des Tranks auf die gesamte Umgebung an. Wenn Sie einen negativen Trank wie einen Trank der Vergiftung haben, verwandeln Sie ihn in einen Wurftrank und werfen Sie ihn auf Ihre Gegner! Leider zerstört das Werfen eines werfbaren Tranks die Flasche. Weitere Informationen erhalten Sie im Abschnitt »Wurftränke brauen« weiter hinten in diesem Kapitel.

✔ **Fermentiertes Spinnenauge:** Wenn Sie es auf einen Trank mit einer positiven Wirkung anwenden, wird diese umgekehrt, wie im nächsten Abschnitt erläutert.

Negative Tränke brauen

Zusätzlich zu den hilfreichen Tränken, die weiter vorne in diesem Kapitel beschrieben wurden, gibt es in Minecraft eine ganze Klasse von Tränken mit negativen Auswirkungen. Sie können solche negativen Tränke erzeugen und anwenden, indem Sie einem Trank ein fermentiertes Spinnenauge hinzufügen, wie in Tabelle 6.6 beschrieben.

Negativer Trank	Reagenz	Wirkung
Trank der Langsamkeit	Trank der Schnelligkeit oder Feuerresistenz	Sie laufen viel langsamer.
Trank des Schadens	Trank der Heilung oder Gift	Dieser Trank fügt sofortigen Schaden zu.
Trank der Schwäche	Trank der Stärke oder Regeneration	Dieser Trank reduziert Ihre Angriffskraft. Sie können ihn brauen, indem Sie einfach einer Wasserflasche fermentiertes Spinnenauge hinzufügen.
Trank der Unsichtbarkeit	Trank der Nachtsicht	Sie werden unsichtbar, es sei denn, Sie tragen Waffen.

Tabelle 6.6: Negative Tränke brauen

Wie andere Tränke können Sie auch diese Tränke mit Redstone, Glowstone oder Schwarzpulver verändern.

Wurftränke brauen

Zunächst scheinen manche Tränke recht nutzlos, weil sie negative Auswirkungen auf Sie haben. Wenn Sie einen Wurftrank nutzen, können Sie sofort Tränke auf alles Gewünschte anwenden. Mischen Sie einfach Schwarzpulver in einen beliebigen Trank, sodass er zu einem mächtigen Wurfgeschoss wird. Sie werfen es, indem Sie es auswählen und dann mit der rechten Maustaste klicken.

Wurftränke sind aus verschiedenen Gründen nützlich, beispielsweise:

✔ Werfbare Tränke der Heilung können Sie auf den Boden werfen, um sich (und alles in Ihrer Umgebung) sofort zu heilen.

✔ Werfbare Tränke der Langsamkeit können Sie in eine Gruppe von Feinden werfen, um schnell zu fliehen. Mit werfbaren Tränken des Schadens können Sie Ihre Feinde erledigen.

 Alle Untoten wie Zombies und Skelette sind immun gegen Gift, und Tränke des Schadens heilen sie nur. Wenn ein Untoter in der Nähe ist, verwenden Sie einen Wurftrank der Heilung, um ihm zu schaden und sich selbst zu heilen.

Hexen und Tränke

Sie können die Wirkung von Tränken klar erkennen, wenn Sie Hexen bekämpfen. Diese Gegner, die nur schwer zu schlagen sind, leben in Hütten im Sumpf. Wenn sie Schaden nehmen, nehmen sie Tränke der Regeneration zu sich und sie verwenden Tränke der Feuerresistenz, um Verbrennungen zu vermeiden. Sie werfen auch ein Sortiment von Wurftränken auf Sie, um Sie zu schwächen, zu verlangsamen, zu vergiften und zu schädigen. Wenn Sie jedoch eine Hexe besiegen, lässt sie ein Sortiment Trankzutaten fallen, gelegentlich auch eine Netherwarze. Hexen werden ausführlich in Kapitel 7, »Die natürliche Welt«, beschrieben.

Ihre Welt kreativ verbessern

Dieser kurze Abschnitt gibt Ihnen einen Überblick über einige innovative Möglichkeiten, um Ihr Zuhause in Minecraft zu verbessern. Mit Objekten wie Wassereimern und Kolben können Sie sich etwa die folgenden Aufgaben vornehmen:

✔ **Weizen schnell anbauen.** Mit Werfern oder Kolben können Sie Feldfrüchte bewässern und ernten und die Ernte automatisch in einen eigenen Bereich fließen lassen.

✔ **Kakteen automatisch anbauen.** Kakteen können nicht neben einem anderen Block platziert werden. Lassen Sie sie also in eine solche Position wachsen. Sie fallen auseinander und die Objektblöcke können durch einen Kanal geleitet werden, um eine konstante Quelle Kakteenblöcke zur Verfügung zu haben.

✔ **Monster halten.** Bauen Sie einen dunklen Raum oder ein Verlies (siehe Kapitel 8, »Die vom Menschen erschaffene Welt«) und frieden Sie die Monster in einem bestimmten Bereich ein, damit Sie ihre Beute einfach einsammeln können.

✔ **Konstruieren Sie Transportmöglichkeiten.** Nutzen Sie Schienen, um die Reisezeit zu verkürzen und Hunger zu vermeiden. Mit Kolben können Sie ausgeklügelte Türen und geheime Gänge bauen.

✔ **Konstruieren Sie Verteidigungsanlagen.** Werfer können jeden Gegner erledigen, der sich vor Ihrer Tür versteckt. Füllen Sie einen Werfer mit Pfeilen oder negativen Tränken und verbinden Sie ihn mit einem Hebel in Ihrem Haus.

✔ **Abenteuer konstruieren.** In Kapitel 10, »Ihr Spielerlebnis anpassen«, beschäftige ich mich mit dem Abenteuermodus und der Konstruktion und dem Herunterladen von Abenteuerwelten. Sie können Redstoneanlagen und sonstige Mechanismen erzeugen, um Herausforderungen für andere Spieler zu konstruieren.

Im Kreativmodus spielen

Der größte Teil dieses Buchs beschäftigt sich mit den verschiedenen Möglichkeiten des Überlebensmodus. Dieser Abschnitt erläutert den einfacheren, aber trotzdem bemerkenswerten Teil des Spiels: den Kreativmodus.

Sie gelangen in den Kreativmodus, indem Sie eine neue Welt erstellen und auf die Schaltfläche Spielmodus klicken, um den Spieltyp zu ändern. Alternativ können Sie in einer Welt mit verfügbaren Cheats auch dorthin wechseln, indem Sie den folgenden Befehl nutzen:
`/gamemode 1`

Zum Überlebensmodus kehren Sie mit diesem Befehl zurück:
`/gamemode 0`

Im Kreativmodus können Sie bauen, was Sie möchten, dabei müssen Sie keine Einschränkungen oder eine Ressourcenknappheit befürchten. Sie können diesen Modus nutzen, wenn Ihnen der Sinn nicht nach Abenteuer, sondern nach Kreativität steht und Sie neue Ideen ausprobieren möchten. Im Kreativmodus können Sie

✔ **Blöcke platzieren und dabei das Inventar behalten:** Wenn Sie ein Verbrauchsmaterial im Kreativmodus verwenden, wird dieses angewandt, es verbraucht sich aber nicht.

✔ **Blöcke sofort abbauen:** Wenn Sie einen Block anklicken, wird er sofort abgebaut, egal welches Werkzeug Sie nutzen.

✔ **die Leertaste gedrückt halten, während Sie sich in der Luft befinden, um zu fliegen:** Während des Flugs nutzen Sie die Leertaste, um nach oben und die ⊙-Taste, um nach unten zu gelangen. Sie hören auf zu fliegen, wenn Sie den Boden berühren oder zweimal auf die Leertaste drücken.

✔ **Schaden vermeiden:** Sie haben keine Gesundheit und keinen Hunger und nichts kann Sie töten. Die einzige Möglichkeit, zu sterben, besteht darin, dass Sie durch das Grundgestein am Grund der Welt graben und tief in das Nichts fallen. Aus Versehen lässt sich dies kaum bewerkstelligen.

✔ **Objekte nutzen, ohne sie abzunutzen oder Munition zu verbrauchen:** Werkzeuge, Waffen und Rüstung verlieren ihre Dauerhaftigkeit bei der Benutzung nicht und Sie können einen Bogen abfeuern, ohne Pfeile zu verbrauchen. Sie können auch ohne die sonst notwendigen Erfahrungspunkte jede beliebige Verzauberung ausüben.

✔ **ein beliebiges Objekt zum Inventar hinzufügen:** Statt des Standard-Inventarfensters erhalten Sie ein Inventar, das aus zwölf Registern besteht. Die zehn linken Register sind Objektkategorien, das Kompassregister gibt Ihnen die Möglichkeit, Objekte nach ihrem Namen zu suchen, und das Truhenregister zeigt Ihr Inventar im Stil des Überlebensmodus (siehe Abbildung 6.12).

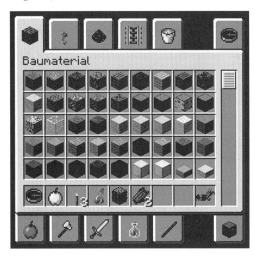

Abbildung 6.12: Das Inventar des Kreativmodus

Die natürliche Welt

In diesem Kapitel

▶ Verschiedene Biome erkennen

▶ Harmlose, feindselige und neutrale Mobs erkennen

▶ Ressourcen in Biomen und von Mobs erhalten

Zusätzlich zum Sammeln, Kämpfen und Bauen sind Expeditionen ein spannender und sinnvoller Bestandteil von Minecraft. Sie können Berge, Wüsten, die Tundra und den Dschungel erforschen, um an die benötigten Ressourcen zu kommen. Dieses Kapitel beschreibt die Funktionen und das Aussehen verschiedener Biome und gibt Ihnen einen Überblick über die Kreaturen, denen Sie unterwegs begegnen.

Auf Sightseeingtour in den Biomen

Ein *Biom* ist eine bestimmte Klimazone, die das Aussehen eines Gebiets der Welt definiert. Biome verändern sich niemals und sie werden genau durch ihr Aussehen und ihre Merkmale definiert. Sie begegnen in Minecraft vielen verschiedenen Arten von Biomen, wie in Abbildung 7.1 gezeigt.

Abbildung 7.1: Aneinander angrenzende Biome

Die folgende Auflistung beschreibt die Biome und ihre Merkmale in alphabetischer Sortierung:

✔ **Dschungel:** Wegen der vielen Bäume und dem Unterholz ist es etwas schwierig, im Dschungel zu navigieren. Er enthält jedoch zahlreiche einzigartige Ressourcen. Aus Dschungelbäumen lässt sich ein rötliches Holz gewinnen und Kakaobohnen anbauen; Ozelots können als Haustiere gezähmt und Dschungeltempel erforscht werden. Hier finden Sie zahlreiche brauchbare Gegenstände, wie in Kapitel 8, »Die vom Menschen erschaffene Welt«, beschrieben.

Merkmale: Dschungelbäume, Kakaopflanzen, Seen, Ranken, Ozelots, Dschungeltempel

✔ **Ebene:** Dieses einfache, flache Grasland eignet sich für das Sammeln von Objekten wie etwa Samen und Blumen und lässt sich gut navigieren. Sie können in der Ebene auch viel weiter sehen und wegen des flachen Bodens andere Biome und Landschaftsmerkmale von Weitem erspähen. Gelegentlich finden Sie in der Ebene Dörfer, wie in Kapitel 8, »Die vom Menschen erschaffene Welt«, erklärt.

Merkmale: Gras, Dorf

✔ **Ende:** Das Ende kann nur erreicht werden, wenn Sie ein Endportal finden und betreten (siehe Kapitel 3, »Langfristige Hindernisse überwinden«). Es ist der einzige Platz, an dem Sie Endstein finden können. Sie können viele Erfahrungspunkte sammeln, wenn Sie den Enderdrachen töten. Riesige Obsidiansäulen bieten eine zuverlässige Obsidianquelle und Sie können zahlreiche Enderperlen erbeuten, wenn Sie die umherschweifenden Endermen bekämpfen.

Merkmale: Endstein, Obsidian, Endermen, Enderdrache

✔ **Fluss:** Der Fluss ist ein gewundener Kanal, der verschiedene Biome trennt. Manche Flüsse fließen durch verschneite Biome und sind komplett gefroren.

Merkmale: Wasser, Lehm

✔ **Hügel:** Zusätzlich zu den Hügeln, die manchmal in anderen Biomen erscheinen, ist dieses Biom voller riesiger, grasiger Obelisken und Berge. Es ist das einzige Biom, unter dem Sie gelegentlich Smaragderz finden können, und es ist ein hervorragender Ort, um Schlupfwinkel in den Bergen zu erbauen.

Merkmale: Gras, Smaragd

✔ **Nether:** Dieses Biom kann nicht auf normalem Weg gefunden werden. Es ist nur über das in Kapitel 3, »Langfristige Hindernisse überwinden«, beschriebene Netherportal zugänglich. Zwar ist der Nether gefährlich, aber er ist aus mehreren Gründen brauchbar: Sie können den unbegrenzt brennbaren Netherstein gewinnen, Netherwarzen und den Seelensand, um diese anzubauen, Netherziegel für architektonische Zwecke und eine Menge Lava. Sie können auch Monster töten, um Elemente wie etwa Goldnuggets, Ghasttränen, Witherschädel, Magmacreme und Lohenruten zu erbeuten.

Merkmale: Netherstein, Seelensand, Kies, Lava, Nethermonster, Netherfestungen

✔ **Ozean:** Der Ozean ist ein riesiges Biom, das zunächst keinen ersichtlichen Nutzen bietet. Jedoch gibt es am Grund des Ozeans reiche Lehmvorkommen. Sie können den Ozean auch in einem Boot erforschen, um nach Höhlen oder Schluchten am Grund Ausschau zu halten.

Merkmale: Wasser, Lehm

✔ **Pilzland:** Dieses äußerst seltene Biom in der Nähe von Ozeanen besteht aus dem violetten *Myzel*, das sich auf Erdblöcken schnell ausbreiten kann. Dieses Biom ist voller Riesenpilze und die einzige natürlich erscheinende Kreatur ist die *Pilzkuh*, eine Kuh, die wie ein roter Pilz aussieht.

Merkmale: Myzel, Riesenpilze, Pilzkühe

✔ **Sumpf:** Dieses dunkel gefärbte Biom besteht halb aus Land und halb aus seichtem Wasser mit überwachsenden Bäumen und großen Lehmvorkommen am Grund seiner morastigen Seen. Sie können hier Schleim finden (wie weiter hinten in diesem Kapitel genauer erläutert). Außerdem gibt es im Sumpf Hexenhütten, die einen mächtigen Feind beherbergen.

Merkmale: Eichen, Pilze, Ranken, Seerosenblätter, Wasser, Lehm, Schleim, Hexenhütten

✔ **Taiga:** Dieser verschneite Wald ist perfekt, wenn Sie Wölfe suchen, die die Wälder durchstreifen und die Sie zähmen können. Wie auf der Eisebene schneit es auch in der Taiga, statt dass es regnet.

Merkmale: Schnee, Fichten, Wölfe

✔ **Tundra:** Diese Ebene ist mit einer Lage Schnee überzogen und die Oberfläche des Wassers ist hart gefroren. Sie finden hier nicht allzu viele Ressourcen; aber der Schnee lässt sich mit einer Schaufel aufnehmen, um Schneebälle zu formen und Schneeblöcke herzustellen. Regen verwandelt sich in diesem Biom in Schnee, wodurch jeglicher Schnee, den Sie weggeschaufelt haben, ersetzt wird.

Merkmale: Schnee, wenige Eichenbäume

✔ **Untergrund:** Obwohl der Untergrund technisch gesehen kein Biom ist, ist er ein reiches Ökosystem, das erwähnt werden sollte. Der Untergrund enthält Höhlen voller Erze und Dunkelheit, wodurch er zwar nützlich, aber auch gefährlich ist. Er kann auch architektonische Strukturen wie etwa Verliese, Minen, Festungen und Schluchten enthalten.

Merkmale: Erze, Höhlen, verlassene Minen, Verliese, Festungen, Schluchten, Stein

✔ **Wald:** Im Wald können Sie zahlreiche Bäume ernten. Er enthält Gras für den Anbau von Feldfrüchten – allerdings kann es vor allem nachts ziemlich dunkel sein.

Merkmale: Eichen und Birken, Gras, gelegentlich Wölfe

✔ **Wüste:** Dieses trockene Biom ist voller toter Büsche und Kakteen. Der Boden besteht aus einer Schicht Sand mit Sandstein darunter. Die Wüste ist die Heimat vieler Bauwerke, die in Kapitel 8, »Die vom Menschen erschaffene Welt«, genauer erläutert werden, zum Beispiel Dörfer, Quellen und Pyramiden. In der Wüste fällt kein Regen, selbst wenn es überall anders schüttet wie aus Eimern.

Merkmale: Sand, Sandstein, Kakteen, Wüstendörfer, Wüstenquellen, Wüstentempel, kein Regen

Benötigen Sie einmal eine Ressource, die Sie nicht in der Nähe finden können, gehen Sie auf eine Expedition und finden Sie ein Biom, das das Gesuchte bietet.

Unterschiedliche Arten von Mobs

Ein *Mob* ist jede Kreatur, jedes Monster oder andere lebende Wesen, das Sie in der Welt finden können. Im Moment bietet Minecraft 30 verschiedene Mobs, jedes mit unterschiedlichen Fähigkeiten, die unterschiedliche Gegenstände fallen lassen, wenn sie sterben, unter anderem Erfahrungskugeln.

Harmlose Mobs

Manche Mobs in Minecraft sind *harmlos*. Sie können Ihnen keinen Schaden zufügen und sie versuchen es auch nicht. Alle landbasierten harmlosen Mobs (etwa Schwein, Kühe, Schafe, Hühner, Ozelots, Dorfbewohner und Pilzkühe) fliehen, wenn Sie sie angreifen. Darüber hinaus können Sie Schweine, Kühe und Schafe anlocken, indem Sie Weizen halten, und Sie können mit der rechten Maustaste auf zwei Tiere der gleichen Art klicken, während Sie Weizen halten, um sie zu füttern und zu veranlassen, ein Baby hervorzubringen. Hühner haben dieselben Eigenschaften, benötigen jedoch Samen statt Weizen.

Diese Liste beschreibt die Arten von harmlosen Mobs, von denen einige in Abbildung 7.2 gezeigt werden.

✔ Die **Fledermaus** ist ein fliegender Mob, der atmosphärische Bilder in dunkle Höhlen bringt. Sie kann nicht nur fliegen, sondern auch an der Unterseite von Blöcken schlafen.

✔ Das **Huhn,** das Sie leichter als andere Kreaturen erlegen können, ist eine gute Quelle für Federn. Sie können es züchten (mit Samen statt Weizen) und es legt gelegentlich Eier, die Sie auflesen können. Es nimmt keinen Schaden, wenn es herabfällt.

✔ Die normale **Kuh** bietet brauchbare Beute und Sie können sie züchten. Für einen Eimer Milch klicken Sie mit der rechten Maustaste auf eine Kuh, während Sie einen leeren Eimer halten.

✔ Eine **Pilzkuh** ist eine rote Kuh, die auf den Pilzinseln erscheint. Sie können sie züchten und scheren, um rote Pilze zu ernten und sie in eine normale Kuh zu verwandeln. Klicken Sie mit der rechten Maustaste auf eine Pilzkuh, während Sie eine Schüssel halten, um Pilzsuppe zu gewinnen.

✔ Die scheue Dschungelkatze, die als **Ozelot** bekannt ist, können Sie zähmen und domestizieren. Sie lebt nur im Dschungel und wird von der Bewegung eines Avatars erschreckt. Wenn sie zögernd auf Sie zukommt, während Sie rohen Fisch halten, klicken Sie sie mit der rechten Maustaste an, um sie zu füttern. Nachdem Sie den Ozelot etwa fünfmal gefüttert haben, ist er zahm.

✔ Ein häufiges Tier und eine gute Nahrungsquelle ist das **Schwein**. Es kann gezüchtet werden und verwandelt sich in einen Zombie-Pigman, wenn es von einem Blitz getroffen wird.

✔ Das **Schaf** ist keine Nahrungs-, sondern eine Quelle für Wolle. Seine Wolle gibt es in unterschiedlichen Farben. Sie können es züchten. Klicken Sie mit der rechten Maustaste auf ein Schaf, während Sie eine Schere halten, um einen bis drei Blöcke Wolle zu erhalten. Um ein Schaf umzufärben, klicken Sie es mit der rechten Maustaste an, während Sie Farbe halten. Lämmer haben dieselbe Farbe wie ihre Eltern. Schafe fressen Gras, um ihre Wolle zu erneuern.

✔ Der im Wasser lebende **Tintenfisch** ist eine Quelle für schwarze Farbe. Er kann schwimmen und stirbt, wenn er kein Wasser mehr um sich hat.

✔ Der **Dorfbewohner** lebt in einem Dorf und tauscht mit Ihnen Gegenstände, wie in Kapitel 8, »Die vom Menschen erschaffene Welt«, beschrieben. Dorfbewohner bleiben nachts in ihren Häusern und sie können sich verlieben und Kinder haben.

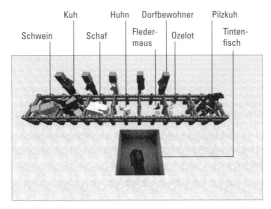

Abbildung 7.2: Harmlose Mobs

Feindliche Mobs

Feindliche Mobs, die in Abbildung 7.3 gezeigt werden, sind die größte Gefahr in Minecraft: Sie greifen Sie an, ohne provoziert zu werden. Jedoch bieten feindliche Mobs häufig besonders wertvolle Beute.

Die folgende Auflistung beschreibt feindliche Mobs im Detail.

✔ Die **Lohe** ist ein mächtiger Hüter der Netherfestungen. Es handelt sich um eine feurige Erscheinung, von der Sie einen wertvollen Gegenstand als Beute machen können. Sie kann fliegen, Feuerbälle abschießen und wird durch Schneebälle beschädigt.

✔ Die giftige **Höhlenspinne** schleicht in verlassenen Minen herum. Dieser *Gliederfüßer* ist schnell, kann Wände erklettern und springen. Er vergiftet Ziele im Normal- oder Hardcore-Modus.

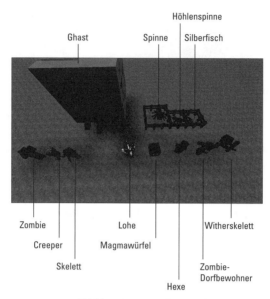

Höhlenspinne

Ghast   Spinne   Silberfisch

Zombie   Lohe   Witherskelett

Creeper   Magmawürfel

Skelett   Zombie-Dorfbewohner

Hexe

Abbildung 7.3: Feindliche Mobs

✔ Der pflanzenähnliche Gegner namens **Creeper** geht auf Sie zu und explodiert. Er ist zerstörerisch und fügt Ihnen massiven Schaden durch die Explosion zu, obwohl ihm keine Nahkampfattacken möglich sind. Er wird unglaublich mächtig, wenn er von einem Blitz getroffen wird.

✔ Der **Enderdrache** ist ein Riesendrache, der den finalen Kampf des Spiels darstellt. Dieser Gegner fliegt im Ende herum und verursacht massiven Schaden. Details und Taktiken bietet Kapitel 3, »Langfristige Hindernisse überwinden«.

✔ Der **Ghast** ist ein riesiges, schwebendes Monster des Nether. Er spuckt Feuerbälle, die Sie auf ihn zurückwerfen können. Er kann fliegen und ist zerstörerisch, schwer zu treffen, aber nicht unverwüstlich.

✔ Ein **Magmawürfel** ist der Schleim des Nether – er hüpft wie eine Feder. Wenn er getötet wird, zerfällt er in kleinere Würfel. Größere Würfel sind stärker bewaffnet.

✔ Ein **Silberfisch** ist ein beißendes Insekt, das sich in Steinen verbirgt. Dieser *Gliederfüßer* kann sich in Stein, Pflasterstein und Steinziegeln verbergen. Aktive Silberfische können verborgene Silberfische wecken und mit ihnen einen Schwarm bilden.

✔ Ein **Skelett** ist ein mächtiger, fähiger Bogenschütze, der seine Gegner mit Pfeilen vertreibt. Er ist ein *Untoter*. Von manchen Skeletten können Sie Rüstung oder Waffen erbeuten.

✔ Ein hüpfender **Schleim**klumpen erscheint in verschiedenen Größen in Sümpfen und gelegentlich in tiefen Höhlen. Wenn er getötet wird, teilt er sich in kleinere Schleime: Winzige Schleime sind harmlos und können als Haustiere gehalten werden.

✔ Die **Spinne** ist ein schneller Gegner, dem Sie nur schwer entkommen können. Dieser *Gliederfüßer* wird bei Tageslicht neutral und greift nur an, wenn er provoziert wird. Die Spinne ist schnell, kann Wände erklettern und springen.

✔ Eine **Hexe** ist eine meisterhafte Alchemistin, die in einer Hütte im Sumpf lebt und mit einem Sortiment Tränke angreift. Sie trinkt Regenerationstränke, um sich zu heilen, und verwendet Tränke, um Feuerschaden anzurichten. Sie wirft Tränke der Schwäche, der Giftigkeit, Langsamkeit und des Schadens.

✔ Ein **Witherskelett** ist ein mächtiger Kämpfer, der in der Nähe von Festungen patrouilliert. Es handelt sich um einen *Untoten*, der schweren Schaden verursacht und immun gegen Feuer ist. (Von manchen Witherskeletten können Sie Waffen und Rüstung erbeuten.) Im Normal- oder Hardcore-Modus verursacht er Witherschaden, wodurch Ihre Gesundheitsleiste vorübergehend abnimmt – dies kann tödlich sein.

✔ Der **Wither** ist ein fliegender Untoter und ein mächtiger, zerstörerischer Gegner. Sie können den Wither mit vier Blöcken Seelensand und drei Witherskelettschädeln erzeugen. Halten Sie sich vom Wither fern, wenn er zum Leben erwacht, denn er erzeugt eine beträchtliche Explosion. Der Wither fliegt umher und wirft dabei explodierende Schädel auf alles, was er sieht; er kann sogar Blöcke durchdringen. Er regeneriert sich außerdem mit der Zeit und zieht Gesundheit von seinen Feinden ab, um sich selbst zu heilen. Nachdem der Wither die Hälfte seiner Gesundheit verloren hat, wird er immun gegen Pfeile. Er verliert einen Netherstern.

✔ Ein **Zombie** ist ein langsamer, schwerfälliger Gegner, der bei Kontakt Schaden verursacht und häufig nachts erscheint. Dieser *Untote* brennt bei Tageslicht. Manche Zombies führen Gegenstände mit sich und tragen eine Rüstung.

✔ Ein **Zombie-Dorfbewohner** kann natürlich erscheinen oder entsteht, wenn ein Dorfbewohner im Normal- oder Hardcore-Modus von einem Zombie getötet wird. Er hat dieselben Eigenschaften wie ein Zombie.

Neutrale und verbündete Mobs

Manche Mobs sind *neutral*; sie lassen Sie in Ruhe, bis Sie sie provozieren. Minecraft enthält nur einige wenige neutrale Mobs und einige von ihnen können sich mit Ihnen *verbünden* und mit Ihnen Seite an Seite kämpfen, wie nachfolgend beschrieben und in Abbildung 7.4 gezeigt:

✔ Eine **Katze**, also ein gezähmter Ozelot, kann Ihnen folgen. Sie greift Hühner an und ängstigt Creeper. Klicken Sie mit der rechten Maustaste auf eine Katze, damit sie sich setzt oder Ihnen folgt. Sie kann wie verschiedene passive Mobs gezüchtet werden. (Verwenden Sie statt Weizen rohen Fisch.)

✔ Die **Endermen** sind ein mysteriöses und seltenes Nachtvolk, das aus dem Ende entstammt. Sie sind mächtig und groß, sie teleportieren sich, um Schaden zu vermeiden, sie weichen Geschossen aus und verabscheuen Wasser sowie Sonnenlicht. Ein Enderman wird provoziert, wenn Sie das Fadenkreuz auf ihn richten.

✔ Der **Eisengolem** ist ein langsamer, aber kraftvoller Dorfwächter. Sie können ihn erzeugen, indem Sie einen Kürbis auf die Spitze eines Kreuzes aus Eisenblöcken stellen. Er ist riesig, aber langsam und greift feindliche Mobs in der Nähe sowie jeden Spieler an, der einen Dorfbewohner attackiert. Dabei wirft er seine Gegner in die Luft und verursacht massiven Schaden. Er tritt in manchen Dörfern natürlich auf (siehe Kapitel 8, »Langfristige Hindernisse überwinden«).

✔ Einen **Schneegolem** erzeugen Sie, indem Sie einen Kürbis auf zwei Schneeblöcken platzieren. Dieser Wächter zieht beim Gehen Schnee hinter sich her und wirft Schneebälle auf feindliche Mobs, wodurch diese zurückgeschlagen werden. Er kann durch Wasser beschädigt werden, kann jedoch Lohen töten. Er explodiert zu Schneebällen, wenn er getötet wird.

✔ Der **Wolf** ist ein wilder Hund, den Sie zähmen können. Greifen Sie ihn nicht an, sonst wird sein gesamtes Rudel Sie verfolgen. Halten Sie einen Knochen und klicken Sie mit der rechten Maustaste ein paar Mal auf einen nicht gezähmten Wolf, bis er zahm ist. Klicken Sie mit der rechten Maustaste auf gezähmte Wölfe, während Sie Fleisch halten, um sie zu heilen. Wenn Sie mit der rechten Maustaste auf gezähmte Wölfe klicken, weisen Sie sie auch an, sich zu setzen oder Ihnen zu folgen. Gezähmte Wölfe teleportieren sich neben Sie, wenn Sie ihnen nicht mehr folgen können. Sie greifen Ihre Feinde an, meiden jedoch Creeper.

✔ Der **Zombie-Pigman** ist ein Wanderer aus dem Nether, der Sie angreift, wenn Sie einen seiner Brüder angreifen. Diese Untoten attackieren in Rudeln und schwingen dabei goldene Schwerter. Manche Zombie-Pigmen versorgen Sie mit besseren Waffen und Rüstung.

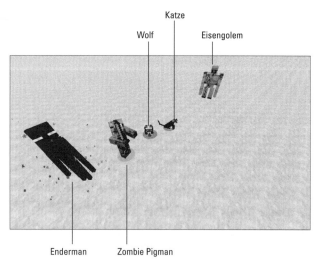

Katze

Wolf   Eisengolem

Enderman   Zombie Pigman

Abbildung 7.4: Neutrale und verbündete Mobs

Die vom Menschen erschaffene Welt

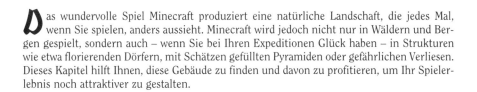

In diesem Kapitel

▶ Handel in Dörfern treiben

▶ Dörfer verteidigen und aufbauen

▶ Natürliche Strukturen erforschen

Das wundervolle Spiel Minecraft produziert eine natürliche Landschaft, die jedes Mal, wenn Sie spielen, anders aussieht. Minecraft wird jedoch nicht nur in Wäldern und Bergen gespielt, sondern auch – wenn Sie bei Ihren Expeditionen Glück haben – in Strukturen wie etwa florierenden Dörfern, mit Schätzen gefüllten Pyramiden oder gefährlichen Verliesen. Dieses Kapitel hilft Ihnen, diese Gebäude zu finden und davon zu profitieren, um Ihr Spielerlebnis noch attraktiver zu gestalten.

Handel in Dörfern treiben

Ein *Dorf* ist eine Ansammlung von Strukturen – etwa Hütten, Schmieden, Kirchen und Straßen, wie in Abbildung 8.1 gezeigt. Dörfer gibt es in der Ebene oder in der Wüste (mit jeweils unterschiedlichem Erscheinungsbild) und die Bewohner können sich für Sie als hilfreich erweisen.

Abbildung 8.1: Dorf

Die Merkmale eines Dorfs erforschen

Dörfer bestehen aus verschiedenen potenziell nützlichen Gebäuden. Tabelle 8.1 listet einige Bestandteile von Dörfern auf.

Struktur	Beschreibung	Nutzung
Hütte oder Haus	Übernachtungsort für die Dorf-bewohner	Die Häuser erscheinen automatisch, aber Sie können auch selbst Häuser für die Dorfbewohner erbauen (mehr darü-ber im Abschnitt »Ein Dorf aufbauen« weiter hinten in diesem Kapitel).
Landwirtschaft	Ein flacher Bereich mit Ackerland, auf dem die Dorfbewohner Feldfrüchte anbauen	Helfen Sie den Dorfbewohnern, Weizen, Karotten und Kartoffeln anzu-bauen.
Schmiede	Pro Dorf ein oder zwei Gebäude aus Pflasterstein mit einem Schmiedefeuer und einer Vorratstruhe, die wertvolle Gegenstände enthält.	Suchen Sie die Truhe im Hinterzim-mer. Sie können auch die Lava aufneh-men.
Quelle	Eine kleine Struktur mit Wasser	Zuverlässige, erneuerbare Wasserquelle
Sonstige Gebäude	Gebäude wie Metzgereien, Bibliotheken und Kirchen	Beherbergen Dorfbewohner mit be-stimmten Handelsoptionen (wie im späteren Abschnitt »Mit Smaragden handeln« beschrieben).

Tabelle 8.1: Bestandteile eines Dorfs

Wüstendörfer enthalten glatte Sandsteinblöcke. Ersetzen Sie zerbrochene Blöcke, damit die Häuser der Dorfbewohner während der Nacht sicher sind.

Mit Smaragden handeln

Um mit einem Dorfbewohner Handel zu treiben, klicken Sie ihn mit der rechten Maustaste an, um Gegenstände zu kaufen und zu verkaufen. Verwenden Sie dabei Smaragde als Wäh-rung.

Der häufigste Dorfbewohner ist der Bauer (er trägt einen braunen Kittel). Sie können jedoch auch mit Metzgern (weiße Schürze), Schmieden (schwarze Schürze), Bibliothekaren (weiße Robe) und Priestern (violette Robe) handeln. Schmiede können Ihnen besonders nützlich sein, weil sie manchmal eiserne oder diamantene Gegenstände anbieten (zu höheren Preisen).

So treiben Sie mit Dorfbewohnern Handel:

1. **Klicken Sie einen Dorfbewohner mit der rechten Maustaste an, um das Handelsmenü zu öffnen (siehe Abbildung 8.2).**

   Der obere Teil des Handelsmenüs zeigt einen großen grauen Pfeil mit einem Objekt zur Rechten und einem oder zwei Objekten zur Linken. Die Objekte zur Linken des Pfeils möchte der Dorfbewohner kaufen. Handelt es sich dabei um Materialien wie rohes Fleisch oder Papier, suchen Sie diese. Wenn er Ihnen Objekte für Smaragde verkaufen möchte, er-werben Sie welche, indem Sie anderen Dorfbewohnern etwas verkaufen.

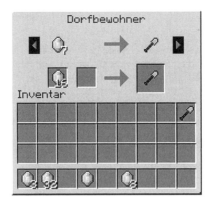

Abbildung 8.2: Handel treiben

2. Platzieren Sie die vom Dorfbewohner gewünschten Objekte in den entsprechenden Feldern des Handelsmenüs.

Das Objekt, das Sie kaufen möchte, erscheint auf der rechten Seite des Menüs.

3. Um das angezeigte Objekt zu kaufen, klicken Sie es an.

 Wenn Sie genügend Ressourcen in den Handel mit mehreren Objekten investieren möchten, klicken Sie mit gedrückter ⊙-Taste, um möglichst viel davon zu kaufen.

4. Schließen Sie das Handelsmenü und warten Sie einen Moment. Wenn um den Dorfbewohner grüne Funken erscheinen (daran erkennen Sie, dass er ein neues Handelsangebot unterbreitet), wiederholen Sie die Schritte 1 bis 3, um neue Objekte mit dem Dorfbewohner zu tauschen.

Wenn Sie erneut mit dem Dorfbewohner handeln, verwenden Sie die Pfeiltasten, um durch die verfügbaren Angebote zu blättern. Manche davon schließen sich, wenn Sie sie zu oft verwenden oder wenn Sie den Dorfbewohner verletzen.

5. Halten Sie Ausschau nach weiteren Handelsangeboten.

 Wenn Sie mithelfen, in einem Dorf Feldfrüchte anzubauen, erhalten Sie (durch Landwirte, die Weizen von Ihnen kaufen) eine Anzahl Smaragde.

Zombie-Belagerungen überleben

Zombies sind für Sie selbst möglicherweise kein Problem; für die Dorfbewohner sind sie jedoch recht gefährlich. Sie werden von Zombies gejagt und können leicht getötet werden, wenn sie in die Ecke gedrängt werden. Im Normal- oder Hardcore-Modus verwandeln Zombies diese Opfer in _weitere_ Zombies, wodurch ganze Zombie-Horden entstehen, die durch das Dorf streichen.

Gelegentlich erlebt ein benachbartes Dorf nachts eine Zombie-Belagerung, indem eine Horde von Zombies auftaucht und die Fähigkeit erlangt, im Normalmodus durch hölzerne Türen zu brechen (im Hardcore-Modus können sie dies ohnehin). Während dieser Belagerungen kann das Dorf viele Einwohner verlieren – es sei denn, Sie tun etwas dagegen.

Ein Dorf verteidigen

Tun Sie Ihr Bestes, um Zombie-Belagerungen zu stoppen. Verwenden Sie Fackeln, um eine sichere Zone um das Dorf zu erzeugen, und töten Sie auftauchende Zombies, bevor sie die Dorfbewohner erreichen und sich ausbreiten können. Ergreifen Sie zusätzliche vorbeugende Maßnahmen, zum Beispiel den Bau von Eisengolems (in Kapitel 7, »Die natürliche Welt«, beschrieben) und versehen Sie die Häuser mit zusätzlichen Türen.

Ein Dorf wiederherstellen

Die Dorfbewohner können ihre eigenen Kulturen wiederherstellen; aber manchmal kann ein Zombieangriff ein ganzes Dorf entvölkern. Um ein Dorf wieder auferstehen zu lassen, gehen Sie folgendermaßen vor:

1. **Suchen Sie einen Zombie-Dorfbewohner.**

   Diese Art Dorfbewohner brennt tagsüber; also stellen Sie sicher, dass er sich in einem Haus befindet. Ein Zombie-Dorfbewohner mit einem Helm ist ebenfalls gegen Tageslicht immun.

2. **Werfen Sie einen Wurftrank der Schwäche auf den Zombie-Dorfbewohner und klicken Sie ihn sofort danach mit der rechten Maustaste und einem goldenen Apfel an.**

   Der Effekt des Tranks hält nur kurz an; also wenden Sie den goldenen Apfel schnell an. (In Kapitel 6, »Durch Erfindergeist überleben«, erfahren Sie mehr über Tränke).

3. **Warten Sie.**

   Der Zombie-Dorfbewohner zittert leicht und sendet rote Spiralen aus. Daran erkennen Sie, dass er sich zurückverwandelt. Warten Sie etwa eine Minute und Sie haben wieder einen Dorfbewohner.

Wenn die neuen Dorfbewohner in Sicherheit sind, bis Sie alle Zombies entweder konvertiert oder getötet haben, haben Sie das Dorf in seiner ursprünglichen Pracht wiederhergestellt.

Ein Dorf aufbauen

Wenn Sie kein Dorf finden können, gründen Sie Ihr eigenes. Mit einer gewissen Wahrscheinlichkeit manifestieren sich Zombie-Dorfbewohner an derselben Stelle wie Zombies. Wenn Sie also den Schritten im vorigen Abschnitt folgen, um einen Zombie in einen Dorfbewohner zu verwandeln, können Sie Ihre eigene Kolonie aufbauen.

Ein Dorfbewohner braucht natürlich ein Heim. Dazu eignet sich jeder umgrenzte Raum, der eine hölzerne Tür besitzt. Wenn Sie zusätzliche Türen hinzufügen, werden sich mehr Dorfbewohner entscheiden, in demselben Gebäude zu wohnen – grundsätzlich definiert eine Tür einen Wohnbereich.

Nachdem Ihre Kolonie aus mindestens zehn Dorfbewohnern und 21 Häusern besteht, tauchen möglicherweise Eisengolems auf und verteidigen Ihre Arbeit. Sie können eine große Kolonie aufbauen, indem Sie eine große Anzahl Häuser organisieren oder indem Sie große Gebäude oder Wohnungen mit zahlreichen Türen aufbauen.

Strukturen ausgraben

Das Dorf ist in Minecraft bei Weitem die fortschrittlichste Struktur. Es können jedoch auch viele andere Arten von Gebäuden auftauchen. Diese bieten häufig brauchbare Materialien und können Schatztruhen enthalten.

Wüstentempel

Gelegentlich finden Sie eine Sandsteinpyramide, während Sie die Wüste erforschen (siehe Abbildung 8.3). Es lohnt sich, darin nach brauchbaren Ressourcen zu graben.

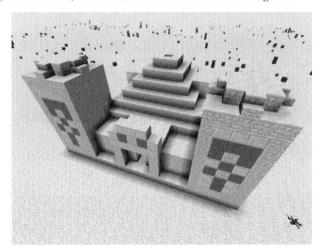

Abbildung 8.3: Wüstentempel

Diese Pyramidenstruktur besteht aus verschiedenen Sandsteinarten einschließlich Hieroglyphen, die Sie sammeln und als Bausteine nutzen können. Die Pyramide hat einen einzigen Raum mit mehreren Eingängen, eine spiralförmige Treppe in jedem Turm und einen geheimen Tunnel, der zu vier Truhen führt.

Sie müssen an der richtigen Stelle graben, um den Tempelschatz zu finden. Passen Sie jedoch auf – ein tiefer Fall und eine Falle warten auf Sie. Besonders die Falle ist durch TNT und eine Druckplatte ziemlich gefährlich; Sie können hier aber gute Ressourcen finden.

Obwohl der Wüstentempel teilweise in den Sand eingegraben sein kann, können Sie ihn normalerweise in den flachen Bereichen der Wüste leicht ausfindig machen.

Dschungeltempel

Der moosbedeckte Dschungeltempel (Abbildung 8.4) verbirgt sich zwischen den Bäumen im Dschungel-Biom und ist deshalb viel schwerer auszumachen als der Wüstentempel.

Abbildung 8.4: Dschungeltempel

Der Dschungeltempel besteht in erster Linie aus moosbedecktem Pflasterstein, einem seltenen Baustein. Er hat zwei Stockwerke und ein Erdgeschoss: Der obere Stock ist eine Galerie, der untere enthält den leeren Hauptraum. Im Erdgeschoss finden sich Stolperfallen und verschiedene Geheimnisse. Im Dschungeltempel gibt es zwei Truhen – eine im Erdgeschoss und die andere neben einem geheimen Gang im ersten Stock. Um den geheimen Gang zu öffnen, müssen Sie das Kombinationsschloss im Erdgeschoss öffnen.

Außer im Abenteuermodus (siehe Kapitel 10, »Ihr Spielerlebnis anpassen«) können Sie viele Herausforderungen des Dschungeltempels umgehen: Schneiden Sie den Stolperdraht mit einer Schere durch und bahnen Sie sich mit einer Spitzhacke Ihren Weg durch das Kombinationsschloss. Sie können auch wichtige Materialien wie Werfer, gemeißelte Steinziegel und Kolben ergattern.

Verlies

Die kleine, seltene Verliesstruktur, die in Abbildung 8.5 gezeigt wird, erscheint unter der Erde als Pflastersteinraum. Normalerweise hat sie keinen Eingang; also können Sie mit einer Spitzhacke einbrechen und Schatztruhen mit verschiedenen Objekten finden. Dies ist auch die einzige Möglichkeit (außer dem Handel), das seltene Sattel-Objekt zu erhalten, mit dem Sie Schweine und Pferde reiten können.

Abbildung 8.5: Verlies

Das Zentrum des Kerkers enthält einen feurigen Käfig mit einer sich drehenden Figur darin. Dieser *Monster-Spawner* entlässt gelegentlich Monster in die nahegelegenen dunklen Zonen. Sie können den Spawner schnell mit einer Spitzhacke zerstören oder ihn neutralisieren, indem Sie die umliegenden Bereiche beleuchten. Sie können die Eigenschaften dieses Blocks aber stattdessen auch nutzen, um durch Erlegen der Monster Beute zu machen.

 Brechen Sie den bemoosten Pflasterstein von den Wänden, weil dieser seltene, dekorative Block Ihr Prestige als Forscher demonstrieren kann.

Hexenhütte

Die seltene Hexenhüttenstruktur, die auf Pfählen in Sümpfen erscheint, dient als Lebensraum für böse Hexen, wie Sie in Abbildung 8.6 sehen. Die Hexenhütte – die einen eingetopften Pilz, eine Werkbank und einen Kessel enthält – kann eine Hexe hervorbringen, wie in Kapitel 7, »Die natürliche Welt« näher erläutert.

Abbildung 8.6: Hexenhütte

Die darin hausende Hexe lässt Zutaten für Tränke fallen, wenn Sie sie töten. Sie sollten auch den Kessel mitnehmen, weil er recht kostspielig in der Herstellung ist.

Verlassenes Bergwerk

Unter der Erde können Sie ausgedehnte verlassene Minen finden (siehe Abbildung 8.7). Sie finden hier in diesen komplexen Netzen aus zerbrochenen Schienen und Tunneln verschiedene Truhen mit wertvollem Inhalt und zahlreiche Schienen. Genauso schnell können Sie sich aber auch verirren.

Abbildung 8.7: Verlassene Mine

Während Sie eine verlassene Mine erforschen, entdecken Sie möglicherweise einen Raum voller Spinnweben. Dieser kann Sie beträchtlich verlangsamen. Im Zentrum der Spinnweben finden Sie einen Eisenkäfig, ähnlich dem in einem Verlies. Dieser Monster-Spawner entlässt Höhlenspinnen (siehe Kapitel 7, »Die natürliche Welt«), riesige, blaue Kreaturen, die an den Spinnennetzen herabklettern und Sie angreifen. Der giftige Biss einer Höhlenspinne macht diese zu einer ausgesprochenen Bedrohung.

Um den Spawner-Block zu erreichen und ihn abzuschalten (oder ihn mit einer Spitzhacke zu zerstören oder mögliche Spawn-Bereiche mit Fackeln zu erhellen), bahnen Sie sich Ihren Weg durch die Spinnennetze – ein Schwert erledigt diese Aufgabe schnell. Spinnennetze bieten auch zahlreiche Fäden, die Sie verwenden können, um Gegenstände wie Wolle, Bögen und Angelruten herzustellen.

Festung

Die äußerst seltene (und riesige) Festungsstruktur sehen Sie in Abbildung 8.8. In den meisten Welten gibt es nur drei Festungen. Normalerweise liegen sie zu Beginn des Spiels weit von Ihnen entfernt. In Kapitel 3, »Langfristige Hindernisse überwinden«, haben Sie im Detail erfahren, wie Sie die Richtung herausfinden, in der sich eine Festung befindet: Klicken Sie mit der rechten Maustaste, während Sie ein Enderauge halten, und beobachten Sie, in welche Richtung es zeigt.

Abbildung 8.8: Festung

Das wichtigste Merkmal der Festung ist das darin enthaltene Endportal. Jedoch enthält die Festung auch sonst vieles, was Sie erforschen sollten:

✔ **Räume:** Festungen enthalten zahlreiche Räume mit Quellen, Kerkern und Treppenhäusern. In den meisten Räumen befinden sich viele seltenere Baumaterialien wie Eisengitter, Eisentüren und Steinziegel. Sie finden hier auch bemooste und rissige Steinziegel (sonst konnte ich diese Bausteine nirgends anders finden, während ich dieses Kapitel schrieb).

✔ **Schatz:** In Festungen finden Sie eine große Anzahl wertvoller Schatztruhen. Finden Sie so viele, wie Sie können!

✔ **Bibliotheken:** In manchen Festungen gibt es eine verlassene Bibliothek mit zahlreichen Bücherregalen und möglicherweise einer Galerie und einem Kronleuchter. Es lohnt sich, die Bücherregale abzubauen. Außerdem sind in der ganzen Bibliothek Schätze versteckt.

✔ **Gefahr:** Verwenden Sie Fackeln, um die Festung schnell zu beleuchten! Wenn Sie eine Wand abbauen, sollten Sie vorsichtig sein – ein Silberfisch könnte auftauchen und Sie angreifen. Können Sie eine Wand schnell mit Ihrer Hand abbauen (halten Sie die linke Maustaste gedrückt, um zu prüfen, ob sich die Sprünge im Block schnell ausdehnen), wissen Sie, dass sich darin ein Silberfisch verbirgt.

Netherfestung

Die _Netherfestung_ ist ein dunkles, komplexes Schloss, das Sie – wo sonst? – im Nether finden. Die Festung besteht aus dunklen Räumen und riesigen, von Brücken überspannten Durchgängen (siehe Abbildung 8.9). Sie ist deshalb wichtig, weil sie sowohl Lohen als auch Witherskelette beherbergt, die in den Kapiteln 3, »Langfristige Hindernisse überwinden«, beziehungsweise Kapitel 7, »Die natürliche Welt«, beschrieben werden. In bestimmten Räumen können Sie auch Netherwarzen finden, die Sie einsammeln und anbauen können.

Abbildung 8.9: Netherfestung

Im MultiPlayer-Modus spielen und Cheats nutzen

In diesem Kapitel

▶ Einen MultiPlayer-Server erzeugen und nutzen

▶ Das Cheat-Menü nutzen

*W*eil Minecraft Kreativität, Fortschritt und die Verwirklichung Ihrer eigenen Ziele belohnt, ist es oft besonders reizvoll, dies mit Freunden zu teilen. Im MultiPlayer-Modus erforschen mehrere Avatare dieselbe Welt – alle online – und arbeiten oder kämpfen gemeinsam mit anderen Nutzern.

Eine Mehrspielerwelt erzeugen oder nutzen

Das Spiel auf einem Minecraft-Server hat mehrere Vorteile. Sie können beispielsweise

✔ gemeinsam bauen, wie in Abbildung 9.1 gezeigt.

✔ Abenteuer im Team bestehen

✔ eine Stadt erzeugen

✔ Ressourcen sammeln und damit handeln

✔ andere Spieler bekämpfen

✔ chatten und herumhängen

✔ benutzerdefinierte Gameplays nutzen. Manche Server nutzen Programme von Drittanbietern zur Verbesserung der Inhalte, die aber nicht heruntergeladen werden müssen.

Abbildung 9.1: Zwei Spieler bauen ein Haus.

Minecraft bietet verschiedene Möglichkeiten, um mehrere Nutzer in derselben Welt unterzubringen. Dieser Abschnitt beschreibt sie in der Reihenfolge ihrer Komplexität.

LAN-Server

Auf einem Local Area Network Server – oder *LAN*-Server, wie er üblicherweise genannt wird – können Freunde mit derselben Internetverbindung ihre Avatare in die gleiche Welt schicken, in der Sie spielen.

Ihren LAN-Server beginnen

Um einen LAN-Server zu starten, gehen Sie folgendermaßen vor:

1. **Erzeugen oder öffnen Sie eine Welt in Minecraft.**
2. **Drücken Sie die** Esc **-Taste, um das Fenster** GAME MENU **zu öffnen.**
3. **Klicken Sie auf die Schaltfläche** IM LAN ÖFFNEN.
4. **Wählen Sie die gewünschten Einstellungen und klicken Sie auf LAN-WELT STARTEN.**

Nun können Nutzer mit derselben Netzwerkverbindung Ihren Server nutzen.

Einen anderen LAN-Server nutzen

Alternativ können Sie einen LAN-Server nutzen, den jemand anders gestartet hat. Gehen Sie dazu folgendermaßen vor:

1. **Wählen Sie** MEHRSPIELER **im Hauptmenü.**

   Die Serverliste wird angezeigt. Sie sollte leer sein, wenn Sie gerade mit dem Mehrspielermodus beginnen. Am Ende der Serverliste sehen Sie die Nachricht SUCHE NACH SPIELERN IM LOKALEN NETZWERK.

2. **Warten Sie, bis die LAN-Welt Ihres Freundes angezeigt wird.**

   Nach einer kurzen Zeit sollte die Serverliste einen LAN-Server mit dem Nutzernamen Ihres Freundes und dem Weltnamen anzeigen.

3. **Klicken Sie auf den Servernamen und dann auf die Schaltfläche** SERVER BEITRETEN.

   Alternativ doppelklicken Sie einfach auf den Servernamen.

Die LAN-Funktion gibt Ihnen die Möglichkeit, online jede eigentlich als Einzelspielerwelt angelegte Welt zu spielen.

 Wenn der LAN-Server nicht angezeigt wird oder Sie ihm nicht beitreten können, prüfen Sie Ihre Internetverbindung – Sie oder der Server-Host könnten ein Netzwerkproblem haben oder Sie nutzen möglicherweise ein anderes Netzwerk.

Öffentliche Server

In vielen Fällen möchten Sie auf einem Server spielen, der auch dann laufen kann, wenn Sie nicht online sind, und auf den auch Nutzer mit einer anderen Internetverbindung zugreifen können. Ein solcher Server wird durch eine IP-Adresse oder eine Webadresse definiert – grob ausgedrückt, eine Abfolge von Zeichen, mit der man auf einen Port zugreifen und online spielen kann.

Einen öffentlichen Server nutzen

Um einen öffentlichen Server zu nutzen, gehen Sie folgendermaßen vor:

1. **Wählen Sie aus dem Hauptmenü die Schaltfläche MEHRSPIELER.**

   Die Serverliste erscheint. Wenn Sie erstmals den Mehrspielermodus wählen, sollte sie zunächst leer sein. Sie können dieser Liste Server hinzufügen, damit Sie sie bequem auswählen können. Nicht mehr genutzte Server können Sie aus dieser Liste wieder löschen.

2. **Klicken Sie auf die Schaltfläche SERVER HINZUFÜGEN.**

   Das Menü SERVERINFORMATIONEN BEARBEITEN wird angezeigt.

3. **Wählen Sie einen Namen und füllen Sie die Adresse aus.**

   In das Textfeld SERVERNAME geben Sie den Namen des Servers ein, sodass Sie ihn in Ihrer Serverliste identifizieren können. Das Feld SERVERADRESSE nimmt die IP-Adresse des Servers auf. Manche Server unterhalten Websites, auf denen Sie die IP-Adresse finden.

4. **Klicken Sie auf FERTIG.**

   Die Serverliste wird angezeigt und testet automatisch Ihre Verbindung zum Server.

5. **Nachdem die Verbindung steht, klicken Sie auf den Servernamen und dann auf SERVER BEITRETEN, um mit dem Spiel zu beginnen.**

   Die fünf Balken neben dem Servernamen in der Serverliste zeichnen Ihre Verbindung mit dem Server auf. Wenn die Balken durchkreuzt sind und eine rote Fehlermeldung erscheint, funktioniert Ihre Verbindung möglicherweise nicht oder der Server ist einfach temporär nicht verfügbar.

Ein Server funktioniert möglicherweise nicht, weil er nicht auf die letzte Version von Minecraft aktualisiert wurde. Um einen Server oder ein Add-on zu verwenden, nachdem das Spiel aktualisiert wurde, wählen Sie die Option NOT NOW, sobald Sie gefragt werden, ob Sie Minecraft aktualisieren möchten. Diese Abfrage erscheint jedes Mal, wenn Sie das Spiel starten (es sei denn, es ist bereits aktuell).

Ihren eigenen öffentlichen Server erzeugen

Das Betreiben eines eigenen Servers ist komplizierter als die anderen Mehrspieleroptionen. Sie müssen wissen, wie Sie den Port 25565 Ihres Routers öffnen; dieses Thema geht über das Ziel dieses Buchs hinaus. Auf `www.minecraft.net/download` finden Sie Anweisungen für den Download des in Abbildung 9.2 gezeigten Server-Launchers – die genaue Vorgehensweise hängt von Ihrem Router oder dem von Ihnen genutzten Drittanbieterprogramm ab.

Um einen Server zu konfigurieren, lesen Sie Kapitel 10, »Ihr Spielerlebnis anpassen«.

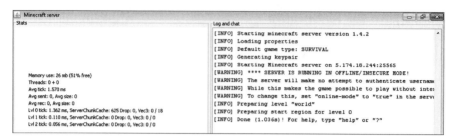

Abbildung 9.2: Die Minecraft-Server-Benutzeroberfläche

Das Chat-Menü nutzen

Sie können mit anderen Spielern kommunizieren oder *Cheats* nutzen (und damit sofortige Veränderungen an der Welt erzeugen), indem Sie die ⊤-Taste drücken, eine Nachricht eingeben und anschließend die ←-Taste drücken. Beachten Sie, dass Sie nicht chatten können, wenn Sie den Chat über das Optionsmenü ausblenden.

Das Chat-Menü gibt Ihnen auch die Möglichkeit, Cheats zu nutzen, wenn der Server oder die Welt es erlauben. Wenn Sie einen Cheat in das Chat-Menü eingeben, beginnen Sie ihn mit einem Schrägstrich (/); wenn Sie einen öffentlichen Server betreiben, wird der Schrägstrich nicht verwendet.

Befehle, die von allen Spielern genutzt werden können

Alle Spieler, die mit der Welt verbunden sind, können die folgenden Befehle nutzen:

✔ /help: Zeigt alle für Sie verfügbaren Cheats an. Wenn Sie nicht alle sehen können, geben Sie /help 2, /help 3 und so weiter ein, um auch den Rest anzuzeigen. Wenn Sie einen öffentlichen Server-Launcher nutzen, geben Sie help ein, um die Befehle zu sehen, die vom Launcher her zugänglich sind.

✔ /kill: Ihr Avatar stirbt.

✔ /me: Sie sprechen damit in der dritten Person von sich: Geben Sie /me ein und dann Ihre Nachricht. Würde beispielsweise ein Nutzer namens Isometrus /me möchte Kuchen eingeben, würde der Chat anzeigen: * Isometrus möchte Kuchen.

✔ /seed: Betrachten Sie den Startwert der Welt, der in Kapitel 10, »Ihr Spielerlebnis anpassen«, erläutert wird.

✔ /tell: Sendet eine private Nachricht, die nur der Zielspieler sehen kann – beispielsweise /tell Isometrus Behalt es für dich; ich habe meine Diamanten im Erdgeschoss versteckt.

Befehle, die nur für den Operator verfügbar sind

Ein *Operator* oder *Op* ist eine Person auf einem öffentlichen Server, der exklusive Rechte für bestimmte Cheats hat. Operatoren können vom Serveradministrator oder von anderen Ops zugewiesen werden.

Jeder Operator, der mit dem Server verbunden ist, kann die folgenden Befehle nutzen:

✔ `/difficulty`: Ändert die Schwierigkeit des Servers – `/difficulty 0` schaltet den Modus *Friedlich* ein, 1, 2 und 3 beziehen sich auf *Einfach, Normal* und *Schwierig*.

✔ `/clear`: Leert das Inventar des Zielspielers – zum Beispiel: `/clear Isometrus`. Sie können auch einen Datenwert und einen Schadenswert hinzufügen (siehe Anhang), um nur ein bestimmtes Objekt aus dem Inventar des Spielers zu entfernen. `/clear Isometrus 3` würde beispielsweise alle Erdblöcke aus Isometrus' Inventar entfernen, `/clear Isometrus 272 0` alle nicht intakten Steinschwerter.

✔ `/gamemode`: Ändert den Spielmodus eines Spielers. Sie können den Überlebensmodus mit `survival`, `s` oder `0` einschalten (Kreativmodus: `creative`, `c` oder `1`; Abenteuermodus: `adventure`, `a` oder `2`). Beispielsweise würde der Befehl `/gamemode 1 Isometrus` Isometrus den Kreativmodus zuweisen. Wenn Sie keinen Spielernamen eingeben, bezieht sich der Befehl auf Sie selbst.

✔ `/defaultgamemode`: Ändert zu Beginn den Spielmodus. Beispielsweise würde `/defaultgamemode s` allen neuen Spielern den Überlebensmodus zuweisen.

✔ `/gamerule`: Ändert eine Spielregel. Sie können auch `/gamerule` eingeben, gefolgt von einer Regel, wiederum gefolgt von `true` oder `false`. Beispielsweise könnten Sie Folgendes eingeben: `/gamerule keepInventory true`. Die Regeln, die mit diesem Befehl geändert werden können, finden Sie in Tabelle 9.1.

✔ `/give`: Gibt dem Zielspieler einen Gegenstand. Sie müssen den Datenwert des Gegenstands wissen (siehe Anhang). Die vollständige Syntax des `/give`-Befehls lautet:

`/give <player> <data value> <number of items> <damage value>`

Sie können die letzten beiden bei Bedarf weglassen. Beispielsweise platzieren Sie mit `/give Isometrus 3 32 32` Erdblöcke in Isometrus' Inventar.

✔ `/say`: Senden Sie eine Nachricht im Chat an alle Spieler, beispielsweise `/say Server wird in 15 Minuten abgeschaltet`. Wenn Sie `say <message>` in den Server-Launcher eingeben, wird die Nachricht unter dem Benutzernamen `[CONSOLE]` gesandt.

✔ `/spawnpoint`: Ändert den Spawnpunkt des Spielers (an dem er nach dem Tod seines Avatars neu erscheint) auf Ihre aktuelle Position. Mit `/spawnpoint Isometrus` ändern Sie Isometrus' Spawnpunkt auf Ihre momentane Position. Alternativ können Sie Koordinaten wie etwa `/spawnpoint Isometrus 300 60 400` eingeben, um den Spawnpunkt manuell zu setzen. Die Koordinaten haben die Form <x> <y> <z>, wobei die positive Y-Achse gen Himmel zeigt. Drücken Sie F3, um Ihre aktuellen Koordinaten zu betrachten.

✔ `/time`: Ändert die Zeit und kann auf viele unterschiedliche Arten verwendet werden – beispielsweise gibt es mit `/time set day` beziehungsweise `/time set night` einen erzwungenen Sonnenaufgang beziehungsweise Sonnenuntergang. Außerdem legt `/time set #`

die Zeit manuell fest, wobei # eine Zahl darstellt, die in Zwanzigstelsekunden gemessen wird. 0 ist der Sonnenaufgang. Sie dürfen niemals eine Zahl eingeben, die größer ist als 24.000 (auch mit dieser erzwingen Sie einen Sonnenaufgang). Der Befehl /time add # fügt der aktuellen Zeit den Wert # hinzu.

✔ /toggledownfall: Schaltet Regen ein oder aus.

✔ /tp: Geben Sie nach diesem Befehl zwei Spielernamen ein, teleportieren Sie diese zueinander; mit /tp Alice Bob teleportieren Sie beispielsweise Alice zu Bob. Wenn Sie nur einen Namen eingeben, werden Sie selbst zum Zielspieler teleportiert. Sie können auch Koordinaten wie etwa /tp Isometrus 300 60 400 nutzen, um einen Spieler an eine bestimmte Stelle zu teleportieren.

✔ /weather: Ändert das Wetter. Mit den Befehlen /weather clear, /weather rain beziehungsweise /weather thunder wird das Wetter klar, regnerisch beziehungsweise es gewittert. Sie können auch eine Zahl wie etwa /weather rain 30 eingeben, um das Wetter für eine bestimmte Anzahl Sekunden zu ändern.

✔ /xp: Verleiht dem Zielspieler Erfahrungskugeln. Beispielsweise erhält Isometrus mit /xp 500 Isometrus 500 Erfahrungskugeln, sodass er auf Level 23 landet. Wenn kein Spielername angegeben wird, gehen die Punkte an Sie. Sie können auch den Text /xp 500L Isometrus (oder Ähnliches) eingeben, um 500 Level statt 500 Kugeln zu verleihen.

Regel	Standardeinstellung	Auswirkung
commandBlockOutput	True	Operatoren können die Auswirkungen von Redstonekommandoblöcken im Chat-Menü sehen. Schalten Sie diese Einstellung aus, sobald Sie Spam erhalten. Diese Blöcke, die Cheats aktivieren, wenn sie Redstoneenergie erhalten, erhalten Sie nur durch /give 137.
doFireTick	True	Feuer breitet sich aus, zerstört bestimmte Blöcke oder brennt aus.
doMobLoot	True	Getötete Mobs können Objekte fallen lassen.
doMobSpawning	True	Mobs (siehe Kapitel 7, »Die natürliche Welt«) erscheinen natürlich in der Welt. Auch bei False können Monster mit Spawn-Eiern erzeugt werden.
doTileDrops	True	Bei False können abgebaute Blöcke keine Objekte produzieren.
keepInventory	False	Auch wenn der Avatar stirbt, bleibt sein Inventar erhalten.
mobGriefing	True	Blöcke werden von Creepern, Ghasts, Endermen, dem Wither und dem Enderdrachen zerstört oder bewegt.

Tabelle 9.1: Spielregeln

Befehle für Operatoren auf öffentlichen Servern

Jeder Operator kann die folgenden Befehle nutzen; sie funktionieren jedoch nicht auf LAN-Servern:

✔ /op: Der Spieler, dessen Nutzername auf diesen Befehl folgt (etwa /op Isometrus), wird zum Operator (oder *op*), wodurch er mehr Cheats verwenden kann. Wenn niemand auf dem Server ein Operator ist, geben Sie den Befehl (ohne Schrägstrich) in den weiter vorne in Abbildung 9.2 gezeigten Server-Launcher ein. Um Cheats auf einem LAN-Server zu nutzen, klicken Sie auf die Schaltfläche CHEATS ERLAUBEN, nachdem Sie auf IM LAN ÖFFNEN geklickt haben.

✔ /deop: Löscht den Op-Status eines Spielers – quasi das Gegenteil von /op.

✔ /ban: Der Spieler, dessen Nutzername auf diesen Befehl folgt (beispielsweise /ban Isometrus), wird des Servers verwiesen, bis ein anderer Operator Gnade gewährt. Mit dieser Technik können böswillige Spieler kontrolliert werden, die die Arbeit anderer Spieler zerstören oder betrügen, um weiterzukommen. Soll der Spieler wissen, warum er vom Spiel ausgeschlossen wird, können Sie einen Grund hinzufügen, beispielsweise /ban Isometrus Als Warnung an die anderen!

✔ /ban-ip: Schließt eine bestimmte IP-Adresse vom Spiel aus, wodurch ein bestimmter Computer daran gehindert wird, sich mit dem Server zu verbinden. Auf diese Weise können Sie keine Offline-Spieler abweisen.

✔ /banlist: Zeigt eine Liste aller ausgeschlossenen Spieler. Geben Sie /banlist ips ein, um alle ausgeschlossenen IP-Adressen anzuzeigen.

✔ /debug: Mit /debug start beziehungsweise /debug stop können Sie Ihren Server debuggen, wenn er fehlerhaft arbeitet.

✔ /kick: Verweist einen Spieler temporär des Servers. Verwenden Sie dieselbe Syntax wie bei /ban. Der Unterschied ist, dass der Spieler sich erneut einloggen kann.

✔ /list: Listet alle Spieler auf dem Server auf. Einfacher geht dies jedoch, wenn Sie die ⇆ -Taste drücken.

✔ /pardon: Begnadigt einen ausgeschlossenen Spieler; er kann sich anschließend wieder einloggen. Die Syntax ist dieselbe wie bei /ban. Sie können auch /pardon-ip eingeben, um eine ausgeschlossene IP-Adresse zu begnadigen.

✔ /save-all: Speichert die Welt, falls Sie den Server herunterfahren müssen. Sie können auch /save-off beziehungsweise /save-on verwenden, um das automatische Speichern ein- beziehungsweise auszuschalten. Wenn Sie eine signifikante Änderung an der Welt vornehmen müssen, können Sie /save-off eingeben, um zu verhindern, dass die Welt gespeichert wird. Auf diese Weise können Sie Ihre alte Welt wiederherstellen, falls etwas schiefgeht.

✔ /stop: Speichert und schließt den Server.

✔ /whitelist: Erzeugt eine optionale Liste aller Spieler, die Zugang zum Server haben. (Die Liste der ausgeschlossenen Spieler wird häufig *Blacklist* genannt.) Der Befehl

/whitelist on verhindert, dass sich jemand einloggt, wenn er kein Operator oder Mitglied der Whitelist ist. /whitelist off widerruft dies.

Sie können Befehle wie /whitelist add Isometrus oder /whitelist remove Isometrus eingeben, wenn Sie steuern möchten, wer sich einloggen darf. Mit /whitelist list können Sie die Whitelist betrachten und mit /whitelist reload aktualisieren Sie die Whitelist, um zu prüfen, ob ein ausgeschlossener Spieler auf den Server kommt.

Unspezifische Parameter

Viele Befehle erfordern einen Spielernamen, wie etwa /tp oder /give. Sie können stattdessen auch einen Parameter aus Tabelle 9.2 verwenden. Beispielsweise teleportiert /tp @a 0 60 0 alle Spieler ins Zentrum der Welt.

Parameter	Wer ist betroffen?
@p	Der nächste Spieler (in einem Redstonekommandoblock der Spieler, der dem Zielblock am nächsten ist)
@r	Ein zufälliger Spieler
@a	Alle Spieler (wird bei jedem neu eingeloggten Spieler wiederholt)
@f	Der am weitesten entfernte Spieler

Tabelle 9.2: Zusätzliche Parameter

Ihr Spielerlebnis anpassen

In diesem Kapitel

▶ Im Hardcore- oder Abenteuermodus spielen

▶ Benutzerdefinierte Welten erstellen

▶ Das .minecraft-Dateisystem

▶ Externe Ressourcen nutzen

*N*eben dem Überlebens- und dem Kreativmodus bietet Minecraft weitere Möglichkeiten, das Spiel ganz individuell zu erleben. Wünschen Sie eine intensive, lebensgefährliche Herausforderung, spielen Sie im Hardcore-Modus; für ein eher fortschrittliches Gameplay mit benutzerdefinierten Karten, die von anderen Nutzern erzeugt wurden, spielen Sie im Abenteuermodus. Außerdem gibt es verschiedene Möglichkeiten, Ihren Mehrspielerserver anzupassen. Dieses Kapitel informiert Sie über all diese Optionen.

Den Hardcore-Modus überleben

Wenn Sie den Bildschirm Neue Welt erstellen öffnen, finden Sie unter anderem die Schwierigkeitseinstellung Hardcore (siehe Abbildung 10.1).

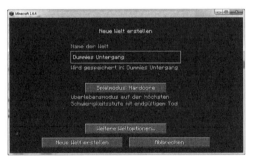

Abbildung 10.1: Eine Hardcore-Welt erzeugen

Der Hardcore-Modus entspricht im Großen und Ganzen dem Überlebensmodus (siehe Kapitel 1 bis 8), jedoch mit den folgenden Unterschieden:

✔ **Die Schwierigkeit des Spiels ist auf Schwer eingestellt.** Sie können den Schwierigkeitsgrad des Spiels nicht ändern. Zombies zerstören Türen; Mobs verursachen zusätzlichen Schaden und Sie können Hungers sterben. Creeper sind in diesem Modus äußerst gefährlich und können Sie normalerweise mit einem einzigen Schlag umbringen.

✔ **Ihre Welt wird gelöscht, wenn Sie sterben.** Verzichten Sie auf Grabungen oder architektonische Meisterleistungen, denn Sie haben im Hardcore-Modus nur ein einziges Leben. Bleiben Sie am Leben, so gut Sie können. Wenn Sie auf einem Hardcore-Server spielen und sterben, werden Sie vom Spiel ausgeschlossen, bis jemand Sie begnadigt und Sie es noch einmal probieren dürfen.

✔ **Die Herzen der Gesundheitsleiste sehen anders aus.** Die »bösen Gesichter« der Gesundheitsleiste signalisieren Ihnen, dass Sie im Hardcore-Modus spielen und dass Sie auf Ihre Gesundheit achten sollten.

Ihr Spielerlebnis kann im Hardcore-Modus ganz anders sein als im Überlebensmodus. Um im Hardcore-Modus zu bestehen, sollten Sie die folgenden Grundsätze beherzigen:

✔ **In Ihrer ersten Nacht sollten Sie für Ihren Schutz und für Nahrung sorgen.** Stellen Sie ein hölzernes Schwert her – oder eines aus Stein, wenn Sie Zeit haben. Landwirtschaft ist eine sinnvolle Langzeitstrategie für den Nahrungsmittelanbau; aber zunächst sollten Sie kurzfristig für Nahrung sorgen, etwa für Fleisch oder Pilzsuppe. Kühe eignen sich gut, weil sie viel Nahrung sowie eine behelfsmäßige Lederrüstung bieten.

✔ **Finden Sie schnell ein Obdach.** Die einfachste Möglichkeit besteht darin, dass Sie drei Schafe finden und sich ein Bett anfertigen. Wenn Sie dieses nutzen, sobald die Nacht hereinbricht, können Sie die Nacht durchschlafen und werden nicht von einem umherwandernden Monster gestört. Alternativ bauen Sie ein einfaches Haus mit einer Lichtquelle und füllen es mit Nahrung.

✔ **Ziehen Sie eine Landwirtschaft auf.** Im Hardcore-Modus ist es notwendig, eine dauernde Quelle für Lebensmittel anzulegen. (Mehr über Landwirtschaft erfahren Sie in Kapitel 5.)

✔ **Fertigen Sie sich eine Rüstung an.** Suchen Sie sich eine Schlucht oder eine Höhle mit viel Kohle und stellen Sie sich so schnell wie möglich eine Eisenrüstung her. Damit verringern Sie das Risiko, von Skeletten überrascht und überwältigt zu werden.

✔ **Gehen Sie Creepern aus dem Weg.** Im Hardcore-Modus können Creeper Sie leicht töten, sogar wenn Sie Rüstung tragen. Halten Sie stets nach Creepern Ausschau und achten Sie darauf, dass diese Ihnen nicht folgen. Schlagen Sie die Creeper mit Sprint-Attacken zurück. Sollte es einem Creeper gelingen, sich anzuschleichen, entfernen Sie sich so schnell wie möglich aus dem Explosionsumkreis.

 Versehen Sie Ihr Haus mit Fenstern oder Ähnlichem, damit Sie nach Creepern Ausschau halten können, die sich draußen verstecken.

✔ **Dringen Sie sorgfältig vor und sorgen Sie stets für einen Fluchtweg.** Verwenden Sie viele Fackeln und Gerüste, wenn Sie sich auf der Suche nach wertvollen Mineralien, Redstone oder Diamant, in Höhlen bewegen. Bauen Sie im Nether Brücken mit Pflasterstein und achten Sie darauf, dass Sie nicht in Lava fallen.

Im Hardcore-Modus sollten Sie ein Feuerzeug mit in den Nether nehmen – falls Sie Ihr Portal reaktivieren müssen. Zum Schlimmsten, was im Nether passieren kann (siehe Kapitel 3,»Langfristige Hindernisse überwinden«), gehört ein Ghast, der Ihr Portal mit einem Feuerball trifft, wodurch es deaktiviert wird. Schlägt alles fehl, können Sie die Zutaten für ein Feuerzeug (siehe Kapitel 4) von Witherskeletten, Lohen und Ghasts erbeuten. Zünden Sie mit dem Feuerzeug den Portalrahmen an, um ihn wieder zu aktivieren.

Im Abenteuermodus spielen

Der Abenteuermodus – der Minecraft mit einem weiteren Schwierigkeitsgrad versieht – entspricht dem Überlebensmodus, mit dem Unterschied, dass Sie Blöcke nur dann brechen können, wenn Sie das passende Werkzeug dafür haben. So können Sie beispielsweise keine Bäume ohne Axt fällen, keine Erde ohne Schaufel abgraben, keine Blätter ohne Schere abbauen und keine Spinnweben ohne Schwert zerstören. Sie können jedoch Blöcke platzieren, sobald Sie sie ergattern konnten.

Sie können ein Spiel im Abenteuermodus beginnen, wenn Sie eine neue Welt erzeugen oder aber den Cheat /gamemode eingeben (siehe Kapitel 9,»Im MultiPlayer-Modus spielen und Cheats nutzen«), um in jeder Welt in den Abenteuermodus umzuschalten.

Im Abenteuermodus können Sie die Hilfe von Creepern nutzen, um Blöcke abzubauen oder in Dörfern Werkzeuge zu tauschen. Der Abenteuermodus eignet sich jedoch am besten für das Spiel mit benutzerdefinierten Karten. (Mehr darüber erfahren Sie im Abschnitt »Externe Sites und Quellen nutzen« weiter hinten in diesem Kapitel.)

Zusätzliche Weltoptionen

Neben den verschiedenen Spielemodi gibt es in Minecraft verschiedene kleinere Funktionen, mit denen Sie Ihre Welt weiter anpassen können. Nachdem Sie den Bildschirm NEUE WELT ERSTELLEN geöffnet haben, klicken Sie auf die Schaltfläche WEITERE WELTOPTIONEN (siehe Abbildung 10.1), um auf diese Funktionen zuzugreifen. Sie können die Welt beim Erstellen auf fünf unterschiedliche Arten anpassen (siehe Abbildung 10.2):

✔ **Startwert für den Weltgenerator:** Wenn Sie eine Welt sehen, die Ihnen gefällt, können Sie eine neue, identische Welt erzeugen. Verwenden Sie den Cheat /seed (siehe Kapitel 9, »Im MultiPlayer-Modus spielen und Cheats nutzen«), um den Startwert der Welt herauszufinden, und geben Sie ihn dann in dieses Textfeld am oberen Bildschirmrand ein. Diese Daten (normalerweise eine sehr große Zahl) dienen als Vorlage für die Erstellung der Welt. Sie können auch eine Textkette wie etwa DUMMIES oder Test123 in das Textfeld eingeben – wenn Sie damit eine interessant aussehende Welt erhalten, können Sie diese Textkette anderen Nutzern mitteilen, damit auch sie sich diese Welt erstellen können.

✔ **Bauwerke generieren: An:** Klicken Sie auf diese Schaltfläche, um festzulegen, ob Bauwerke wie Dörfer (siehe Kapitel 8,»Die vom Menschen erschaffene Welt«) in Ihrer Welt erscheinen.

✔ **Welttyp:** Klicken Sie gegebenenfalls mehrmals auf diese Schaltfläche, um zwischen STAN-DARD, SUPERFLACH (siehe nächster Abschnitt) und GROSSE BIOME umzuschalten.

✔ **Cheats erlauben:** Klicken Sie auf diese Schaltfläche, damit die in Kapitel 9,»Im MultiPlay-er-Modus spielen und Cheats nutzen«, erläuterten Cheats aktiviert werden. Die Standard-einstellung im Kreativmodus ist AN, in den anderen Modi AUS. Sie können Cheats auch ak-tivieren oder deaktivieren, nachdem Sie eine Welt in einen LAN-Server konvertiert haben.

✔ **Bonustruhe:** Klicken Sie auf diese Schaltfläche, damit eine Bonustruhe neben Ihnen er-scheint, sobald Sie die Welt erzeugt haben. Diese Truhe enthält wertvolle Materialien für den Start.

Abbildung 10.2: Zusätzliche Weltoptionen

Eine superflache Welt erschaffen

In der superflachen, nur mit einem einzigen Biom ausgestatteten Welt können Sie leichter bauen – allerdings sieht sie weniger natürlich aus. Eine superflache Welt besteht einfach aus gestapelten Blöcken. Die standardmäßige Superflachwelt besteht aus einer Grasschicht, zwei Schichten Erde und einer Schicht Grundgestein sowie – gelegentlich – Strukturen wie Bäu-men, Verliesen oder Dörfern.

Wenn Sie den Welttyp SUPERFLACH beim Erstellen der Welt wählen, können Sie anschließend auf die Schaltfläche ANPASSEN klicken, um die aktuelle Konfiguration zu betrachten. Klicken Sie auf die Schaltfläche VORLAGEN, um detaillierte Optionen zu wählen (siehe Abbildung 10.3).

Abbildung 10.3: Eine Voreinstellung wählen

Das Textfeld am oberen Rand des Bildschirms VORLAGE AUSWÄHLEN zeigt den Code für Ihre Welt; klicken Sie auf die Schaltfläche VORLAGE BENUTZEN am unteren Bildschirmrand, um den Code anzuwenden. Sie können ihn auch durch den Code einer interessanten Welt ersetzen, die ein anderer Spieler erzeugt und geteilt hat. Alternativ können Sie eine der acht Standardwelten wählen (siehe Tabelle 10.1).

Name	Biome	Description
Bottomless Pit	Ebene	Ähnlich wie Classic Flat, aber ohne Grundgesteinsschicht (sodass Sie durch die Erde hindurchfallen könnten!)
Classic Flat	Ebene	Eine einfache Grasebene mit einigen Dörfern
Desert	Wüste	Eine Wüste mit Dörfern, Pyramiden, Quellen und unterirdischen Strukturen
Overworld	Ebene	Eine flache Entsprechung der Standard-Minecraft-Welt mit vielen ihrer Merkmale
Redstone Ready	Wüste	Eine visuell und mechanisch perfekte Welt, in der Sie Redstonekreationen ausprobieren können; mit Dörfern
Snowy Kingdom	Eisebene	Eine kalte Welt, in der gelegentlich Schnee fällt
Tunnelers' Dream	Technisch extreme Hügel (andere Grasfarbe, spärliche Bäume)	Eine Grasebene mit einer spärlichen Anzahl Bäume auf einem gigantischen Untergrund mit Verliesen, Minen und Festungen
Water World	Technisch eine Ebene	Ein tiefer Ozean mit verschiedenen interessanten Dörfern

Tabelle 10.1: Vordefinierte Welten

Um eine Schicht einer superflachen Welt zu löschen, klicken Sie auf dem Bildschirm FLACHLANDEINSTELLUNGEN auf das Gewünschte und klicken dann auf SCHICHT ENTFERNEN.

Eigene Optionen

Wenn der Überlebensmodus nicht genug Herausforderungen für Sie bietet, können Sie jederzeit eigene Einstellungen vornehmen, um Ihr Spielerlebnis zu optimieren. Versuchen Sie beispielsweise zu überleben, ohne ein Haus zu bauen, oder leben Sie in einer Höhle und verwenden Sie niemals Fackeln. Falls Sie sich langweilen, nehmen Sie sich selbst eine Herausforderung vor!

Den Ordner .minecraft verwalten

Wenn Sie Karten oder Texturen herunterladen, Welten duplizieren oder exportieren, Statistiken zurücksetzen oder Screenshots verwalten möchten, verwenden Sie den Ordner .minecraft auf Ihrem PC. Die darin enthaltenen Dateien enthalten Informationen über Ihre persönlichen Daten von Minecraft. Er befindet sich im Ordner Benutzer/Benutzername/AppData/Roaming. Möglicherweise ist der Ordner AppData ausgeblendet. In diesem Fall durchsuchen Sie Ihren Rechner einfach nach *.minecraft*.

Sie sollten die Dateien im Ordner .minecraft nur dann bearbeiten, wenn Sie sich damit auskennen. Wenn Sie die Quelldateien beschädigen, müssen Sie Minecraft möglicherweise deinstallieren und erneut herunterladen. Ähnliches gilt für den Ordner saves – schlimmstenfalls zerstören oder verlieren Sie einige Ihrer Welten.

Normalerweise müssen Sie das Minecraft-Fenster schließen, damit Sie Änderungen an den Dateien vornehmen können.

Den Ordner .minecraft verwenden

Mit dem .minecraft-Dateisystem können Sie Ihr Spiel weiter anpassen. Hier sind Veränderungen möglich, die Sie innerhalb der Minecraft-Benutzeroberfläche nicht vornehmen können. Einige Ordner, die Sie bearbeiten können, werden nachfolgend beschrieben:

✔ bin: Die Datei minecraft innerhalb dieses Ordners ist das Herz Ihres Spiels. Minecraft bringt beständig neue Updates heraus und die Programmierer veröffentlichen manchmal *Snapshot*-Updates, die Sie herunterladen können, um kommende Funktionen zu testen.

Um diese Snapshots zu nutzen, laden Sie den neuen Ordner minecraft.jar herunter und ersetzen Sie Ihren alten Ordner. Achten Sie jedoch darauf, dass Sie eine Sicherungskopie der ursprünglichen Datei minecraft.jar anfertigen, und erzeugen Sie neue Welten, um den Snapshot auszuprobieren. So vermeiden Sie, dass alte Welten zerstört werden.

✔ saves: Wenn Sie diesen Ordner speichern, finden Sie darin weitere Ordner. Jeder gehört zu einer Ihrer Welten. Die Namen Ihrer Ordner haben möglicherweise nichts mit den Namen Ihrer Welten zu tun, vor allem, wenn Sie sie umbenannt haben; aber der Minecraft-Bildschirm zur Weltauswahl zeigt die Ordnernamen in Grau unter den Weltnamen an.

Wenn Sie die Dateien innerhalb dieser Weltordner (normalerweise in einer .zip-Datei) kopieren, hoch- oder herunterladen, können Sie benutzerdefinierte Karten teilen, Welten duplizieren oder Sicherungskopien anfertigen. Um eine Welt in den Ordner saves zu kopieren, erzeugen Sie einfach einen neuen Ordner und legen die Weltdateien im Ordner saves ab (siehe Abbildung 10.4).

✔ `screenshots`: In diesem Ordner finden Sie alle Ihre Screenshots. (Drücken Sie ⌜F2⌝, um einen Screenshot aufzunehmen.)

✔ `stats`: Der Ordner `stats` enthält die Daten für Ihre Fortschritte und Errungenschaften, die Sie durch das Spiel führen, und Ihre Statistiken. Sie können alle Fortschritte und Statistiken betrachten, indem Sie auf die entsprechende Schaltfläche im Pause-Menü klicken. Möchten Sie Ihre Statistiken zurücksetzen, löschen Sie einfach beide Dateien im `stats`-Ordner.

✔ `texturepacks`: Fügen Sie Ressourcenpakete in Ihr Spiel ein, indem Sie sie hier platzieren. Diese Gruppen von Ordnern, Bildern und anderen Dateien können in einen einzelnen Ordner oder eine ZIP-Datei importiert werden. Um ein Ressourcenpaket auszuwählen, klicken Sie im OPTIONEN-Menü auf die Schaltfläche RESSOURCENPAKETE und ändern Sie das allgemeine Erscheinungsbild des Spiels, indem Sie die Oberflächen von Blöcken und Gegenständen mit neuen Bildern versehen. Wenn ein Ressourcenpaket ein Programm von Drittanbietern erfordert, folgen Sie den den mit dem Paket ausgelieferten Download-Anweisungen.

Abbildung 10.4: Welten verwalten

.minecraft wiederherstellen

Sollte Minecraft abstürzen, während Sie das Dateisystem verwalten, können Sie eine der folgenden Methoden probieren, um Ihre Inhalte wiederherzustellen:

✔ **Stellen Sie ein früheres Stadium wieder her.** Löschen Sie alle neulich heruntergeladenen Programme von Drittanbietern aus dem Ordner `.minecraft`.

✔ **Installieren Sie Minecraft neu.** Sichern Sie Ihre Welten, Screenshots und anderen Spielelemente, deinstallieren Sie Minecraft vollständig und laden Sie das Spiel neu herunter.

✔ **Suchen Sie online nach dem Fehler.** Falls Minecraft beispielsweise eine Fehlermeldung anzeigt, wenn Sie eine bestimmte Welt spielen, können Sie online nach der Fehlermeldung suchen und nachlesen, was andere Spieler dazu sagen.

Externe Sites und Quellen nutzen

Es gibt zahlreiche wirklich gute Websites – wie etwa das deutschsprachige Minecraft-Wiki (`http://minecraft-de.gamepedia.com/Minecraft_Wiki`) oder verschiedene Minecraft-Foren (beispielsweise `http://www.minecraftforum.de`), die sich auf Minecraft konzentrieren, Informationen, Austausch unter Nutzern und Downloads von Drittanbieterprogrammen bieten. Sie können hier

✔ **um Hilfe fragen:** Viele Nutzer haben hilfreiche Tipps zu den anspruchsvolleren Konzepten von Minecraft.

✔ **Ideen diskutieren:** Tauschen Sie sich mit anderen Minecraft-Fans aus.

✔ **benutzerdefinierte Karten spielen:** Zahlreiche Nutzer erzeugen Karten, die zusätzliche Herausforderungen oder ein ganz neues Spielergebnis bieten. (Der Abschnitt »Den Ordner .minecraft verwenden« weiter vorne in diesem Kapitel erklärt, wie Sie sie herunterladen.)

✔ **Mods und Ressourcenpakete herunterladen:** Ressourcenpakete wurden in diesem Kapitel erwähnt; *Mods* sind zusätzlicher Code, der die Inhalte des Spiels anreichert. Die einzelnen Mods enthalten üblicherweise Informationen zum Download.

✔ **das Aussehen Ihres Avatars verändern:** Ändern Sie das Aussehen Ihres Avatars, indem Sie ein Skin herunterladen oder in einem Bildbearbeitungsprogramm Ihr eigenes Skin erzeugen. Anleitungen finden Sie auf www.minecraft.net/profile.

✔ **mitwirken und teilen:** Treten Sie über Foren, Server oder andere soziale Medien mit der Minecraft-Community in Kontakt.

Zudem hat die Minecraft-Community viele Möglichkeiten gefunden, Minecraft mit dem wirklichen Leben zu verbinden – es werden berühmte Werke der Architektur im Kreativmodus nachgebaut; Minecraft wird als Lehrmedium genutzt und vieles mehr. Über das Internet können Sie sich einer umfangreichen und kreativen Fangemeinde anschließen.

Zehn wichtige Überlebenstipps

In diesem Kapitel

▶ Von wichtigen Tipps profitieren

▶ Das Spielerlebnis optimieren

*V*iele Bestandteile von Minecraft greifen ineinander und deshalb haben clevere Spieler eine Vielzahl hilfreicher Tricks entdeckt. In diesem Kapitel zeige ich Ihnen zehn davon, die für bessere Überlebenschancen sorgen.

Sicherer Abbau

Der Minecraft-Untergrund ist recht gefährlich. Graben Sie also vorsichtig, um die folgenden Gefahren zu vermeiden:

✔ **Absturz beim senkrechten Graben:** Wenn Sie den Block direkt unter sich abbauen, laufen Sie stets Gefahr, in einen Schacht oder Lavasee zu fallen. Stufenförmige Minen (siehe Kapitel 5, »Bergbau und Landwirtschaft«) sind stets sinnvoll, weil Sie dann nicht senkrecht nach unten graben müssen.

✔ **Herabstürzender Sand und Kies oder flüssige Lava, wenn Sie nach oben graben:** Vergewissern Sie sich, dass Sie flüssige Lava schnell mit Blöcken wie etwa Pflasterstein stoppen.

Wenn Sie diese grundlegenden Sicherheitsvorkehrungen beachten, können Sie ohne Probleme auch in dunklen Höhlen und große Lavaseen navigieren.

Den Ofen effizient nutzen

Manchmal möchten Sie eine Menge Material im Ofen verarbeiten, beispielsweise Rindfleisch, um daraus Steak zuzubereiten, oder Sand, um Glas daraus zu brennen. Weil Sie für diese Aufgabe einen Ofen und eine gute Brennstoffquelle brauchen, ist der effiziente Umgang mit Brennstoff eine wichtige Fertigkeit.

Als Brennstoff können Sie Kohle oder jedes andere heiße oder brennbare Material verwenden. Die beste Ressource sind Holzbretter (zwei Bretter können Sie für drei Gegenstände nutzen), Kohle (ein Stück können Sie für acht Gegenstände nutzen), Lohenruten (eine Rute können Sie für zwölf Gegenstände nutzen) und Lavaeimer (reicht für 100 Gegenstände).

Zusätzlich können Sie ein Objekt mithilfe von zwei Setzlingen im Ofen verarbeiten; wenn Sie sie für nichts anderes brauchen können. Sie können ein Objekt auch mit einem hölzernen Werkzeug als Brennstoff verarbeiten. Auf diese Weise nutzen Sie auch eine anderweitig nicht benötigte oder fast vollständig abgenutzte hölzerne Spitzhacke.

Sie können Holzklötze auch zu Holzkohle verbrennen. Dies ist etwas effizienter – aber zeitraubender – als ihre Verarbeitung zu Brettern. Dieser Trick ist vor allem für die Herstellung von Fackeln und ähnlichen Gegenständen wichtig.

Schnell an Obsidian und Portale kommen

Wenn Sie im Überlebensmodus spielen und es Sie gelüstet, zum Nether zu gelangen (mehr Informationen darüber erhalten Sie in Kapitel 3,»Langfristige Hindernisse überwinden«), sammeln Sie so schnell wie möglich Obsidian. Selbst wenn Sie den Diamanten nicht finden, den Sie für eine Spitzhacke benötigen, können Sie trotzdem ein Portal bauen, falls Lava verfügbar ist.

Verwenden Sie einfach einen Eimer, um etwas unbewegte Lava an der Stelle zu platzieren, wo Sie den Obsidian haben möchten. Dann geben Sie Wasser über die Lava, damit sie aushärtet. Verwenden Sie Pflasterstein oder einen anderen nicht brennbaren Block, um die »Gussform« für das Portal zu formen und als Container für die Lava, wie in Abbildung 11.1 gezeigt.

Abbildung 11.1: Eine Form für das Portal bauen

An der richtigen Stelle abbauen

Wertvollere Erze wie Redstone und Diamant liegen tief unter der Erde. Statistisch gesehen, gibt es sie häufig etwa zehn Blöcke über der Grundgesteinsschicht. Gleichzeitig tritt in dieser Schicht jedoch auch oft Lava auf, der Sie (meist) entkommen können, indem Sie 13 Blöcke über dem Grundgestein bleiben. Um eine gute Stelle zum Abbau zu finden, können Sie bis auf diese Ebene hinabgraben – entweder graben Sie zum Grundgestein hinunter und gehen dann wieder 13 Blöcke nach oben oder Sie drücken die Taste ⌈ F3 ⌉ und graben, bis Ihre y-Koordinate 13 ist. Alternativ suchen Sie sich eine ausreichend tiefe Höhle. Wenn Sie einen Tunnel graben, ist es einfacher, diese Tiefe zu halten. Eine Höhle bietet hingegen eine größere Oberfläche, um nach Mineralien zu schürfen.

Überanstrengung vermeiden

Durch Aktionen wie Rennen und Springen oder wenn Sie Schaden erleiden, werden Sie sehr schnell hungrig. Hunger kann störend werden, wenn Sie viel Nahrung brauchen, um auf Ihren Beinen zu bleiben. Mit den folgenden Tipps vermeiden Sie es, sich zu überanstrengen:

✔ **Bauen Sie sich Wege mit Stufen und Treppen.** Diese Elemente können Ihnen helfen, sich umherzubewegen, ohne zu springen.

✔ **Verbinden Sie Ihre Ziele mit einer Lorenschiene.** Diese Strategie ist hilfreich, wenn Sie eine lange Strecke mehrmals zurücklegen müssen.

✔ **Wenn Sie eine stufenförmige Treppe nutzen, verwenden Sie richtige Stufenblöcke.** Dann können Sie die Mine verlassen, ohne dass Sie springen müssen.

Mobs besiegen

Während Ihres Minecraft-Spiels werden Sie vielen Zombies, Skeletten, Spinnen und Creepern begegnen. (Kapitel 7, »Die natürliche Welt«, enthält weitere Informationen über solche Mobs.) Jede Kreatur erfordert einen ganz bestimmten Kampfstil, um sie zu besiegen. Diese Liste beschreibt, wie Sie die einzelnen Gegner besiegen – vom ungefährlichsten bis hin zum gefährlichsten:

✔ **Zombie:** Rennen Sie und greifen Sie diese Gegner an, um sie zurückzuschlagen. Greifen Sie wiederholt an, um ihre Gesundheit zu verringern. Schlagen Sie diejenigen zurück, die Ihnen am nächsten sind, damit die Form der Gruppe beherrschbar bleibt.

✔ **Spinne:** Rennen Sie und greifen Sie an! Versuchen Sie, die Sprünge der Spinne vorauszusehen, und verhindern Sie, dass sie nach oben entkommt. Versuchen Sie, die Spinne mit einem starken Schwert zu töten, weil sie nur ein geringes Gesundheitslevel hat.

✔ **Creeper:** Rennen Sie und greifen Sie an, um zu verhindern, dass der Creeper in Ihrer Nähe explodiert (dies ist extrem gefährlich). Wenn es für Sie keine Rolle spielt, wie Sie den Creeper töten, versuchen Sie, ihn zum Explodieren zu bringen. Wenn Ihr Timing stimmt, können Sie Creeper nutzen, um andere Mobs zu zerstören, vor allem Spinnen.

✔ **Skelett:** Dieser Bogenschütze funktioniert alleine am besten. Versuchen Sie, sich so zu postieren, dass sich ein anderer Mob zwischen Ihnen und dem Skelett befindet – und manchmal erschießt es seine eigenen Artgenossen! Nutzen Sie Gegenstände wie Blöcke und Bäume zu Ihrem Vorteil, indem Sie sich dahinter verstecken, sodass das Skelett dicht an Sie herankommen muss. Wenn Sie sich in der Nähe eines Skeletts befinden, erledigen Sie es einfach so schnell, wie Sie können. Greifen Sie nicht aus dem Rennen an, denn damit erhält das Skelett mehr Platz zum Schießen.

Zusätzlich können Sie viele dieser Mobs recht einfach bekämpfen, indem Sie sie in Schächte, Kakteen oder Lava stoßen.

Farbige Wolle sammeln

Um farbige Teppiche, Wandteppiche oder andere visuelle Blöcke zu erzeugen, benötigen Sie gefärbte Wolle. Es gibt eine Strategie, mit der Sie schnell jeden gewünschten Farbton erhalten. Sie benötigen dazu nur ein paar Farbstoffe.

Wenn Sie ein Schaf mit der rechten Maustaste anklicken, während Sie den Farbstoff halten, ändert sich seine Wollfarbe auf einer biologischen Ebene. Wenn Sie das Schaf dann scheren, wächst seine Wolle in derselben Farbe nach und seine Lämmer haben dieselbe Wollfarbe. Verwenden Sie Weizen, um Schafe in eingezäunte Bereiche mit Grasgrund zu locken, färben Sie sie mit unterschiedlichen Farbstoffen und lassen Sie sie sich vermehren. Um farbige Wolle zu gewinnen, scheren Sie die Schafe mit dieser Farbe. Geschorenen Schafen wächst neue Wolle, nachdem sie Gras gefressen haben.

Wenn Sie zu viele Schafe haben, kann dadurch eine Verzögerung entstehen und in der Umgebung tauchen keine anderen Tiere mehr auf. Vergrößern Sie Ihre Schafpferche und behalten Sie von jeder Farbe nur ein paar Exemplare.

Handwerkliches Geschick

Materialien lassen sich auf unterschiedliche Weise bearbeiten:

✔ **Klicken Sie mit der rechten Maustaste auf einen Stapel Materialien, um diesen in zwei Hälften zu teilen.** Selbst wenn sich die Materialien bereits im Handwerksraster befinden, können Sie viele Elemente auf einmal herstellen, zum Beispiel Stufen oder Leitern.

✔ **Klicken Sie mit gedrückter ⧈-Taste auf überflüssige Materialien, wenn Sie mit dem Handwerksraster fertig sind.** Durch diese Aktion werden sie wieder im Inventar abgelegt.

✔ **Stellen Sie mehrere Elemente gleichzeitig her.** Abbildung 11.2 zeigt eine effiziente Weise, um drei Werkzeuge gleichzeitig herzustellen. Wenn Sie die Axt aufnehmen, ergeben die verbleibenden Materialien eine Hacke und die darunter liegende Ebene ergibt eine Schaufel.

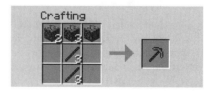

Abbildung 11.2: Herstellung einer Axt, einer Hacke und einer Schaufel

Die Grundausrüstung überprüfen

Nachdem Sie eine Weile Minecraft gespielt haben und mehr Vertrauen in Ihre Überlebensfähigkeit gewonnen haben, können Sie mehr Elemente in Ihr Inventar legen und sich weniger Sorgen darüber machen, sie zu verlieren. Nun können Sie effizienter arbeiten und müssen weniger oft heimkehren.

Tragen Sie auf einer Minecraft-Expedition stets bestimmte Ausrüstungsgegenstände mit sich – so lange Sie wissen, wie Sie sie sicher aufbewahren können:

✔ **Lebensmittel:** Nehmen Sie Lebensmittel mit, von denen Sie im Überfluss haben und die keinen Platz im Inventar wegnehmen, beispielsweise Brot oder Fleisch.

✔ **Waffen:** Halten Sie ein Schwert bereit und möglichst auch einen Bogen oder eine Rüstung. Platzieren Sie ein Schwert im ersten Feld Ihres Inventars, sodass Sie es mit einem Druck der ⬚1-Taste ergreifen können.

✔ **Spitzhacke, Axt und Schaufel:** Es lohnt sich immer, Materialien zu gewinnen, während Sie auf Expedition sind. Wenn Sie dabei einen Block abbauen müssen, sollten Sie für eine optimale Produktivität das richtige Werkzeug bereithaben. Eine Spitzhacke ist in unterirdischen Bereichen unerlässlich.

✔ **Fackeln:** Gehen Sie niemals ohne Fackeln unter Tage.

✔ **Kompass:** Sie können sich die Koordinaten Ihres Hauses merken (drücken Sie ⬚F3, um sie zu sehen), sodass Sie stets nach Haus zurückkehren können. Wenn Sie damit nicht klarkommen, sollten Sie stattdessen einen Kompass mit sich führen, falls Sie sich verirren.

Rezepte für diese Gegenstände finden Sie im Anhang.

Schutz in der Natur

Wenn Sie vor der Dunkelheit in den Bergen oder im Dschungel Schutz suchen, um in der Nacht sicher zu sein, suchen Sie sich einen abgeschlossenen Bereich (eine oberflächliche Höhle, ein natürliches Wäldchen oder einen großen Baum), füllen Sie die Lücken mit Blöcken und verwandeln Sie es so in ein natürlich aussehendes Haus.

Anhang: Blöcke, Elemente und Rezepte

In diesem Anhang können Sie nachschlagen, wenn Sie bestimmte Blöcke oder Gegenstände in Minecraft nicht sofort identifizieren können (siehe Tabelle A.1 und Tabelle A.2). In Tabelle A.3 finden Sie eine umfangreiche Rezeptsammlung für Gegenstände, die Sie herstellen können. Genauere Informationen über Blöcke und Gegenstände finden Sie in Kapitel 4.

Der *Datenwert* ist die Zahl eines Blocks oder Gegenstands. Er wird mit den Befehlen /give und /clear genutzt. Die Schadenswerte bestimmen die Dauerhaftigkeit bestimmter Gegenstände. Gegenstände mit unterschiedlichen Variationen können auch unterschiedliche Schadenswerte haben.

Block	Name	Datenwert
	Amboss	145
	Antriebsschiene	27
	Bemooster Stein	48
	Birkenholztreppe	135
	Blätter	18 (Schadenswerte 0–3)
	Brauner Pilz	39
	Bücherregal	47
	Diamantblock	57
	Diamanterz	56
	Doppelte Holzstufe	125 (Schadenswerte 0–3)
	Doppelte Stufe	43 (Schadenswerte 0–5)
	Drachenei	122
	Eis	79
	Eisenblock	42
	Eisenerz	15

Block	Name	Datenwert
	Eisengitter	101
	Endertruhe	130
	Endportalrahmen	120
	Endstein	121
	Erde	3
	Fackel	50
	Falltür	96
	Feuer	51
	Fichtenholztreppe	134
	Gelbe Blume (Löwenzahn)	37
	Glas	20
	Glasscheibe	102
	Glowstone	89
	Goldblock	41
	Golderz	14
	Gras	2
	Grundgestein	7
	Hebel	69
	Hohes Gras	31 (Schadenswerte 0–2)
	Holz	17 (Schadenswerte 0–3)
	Holzbrett	5
	Holzdruckplatte	72
	Holzknopf	143
	Holzstufe	126

Block	Name	Datenwert
	Holztreppe	53
	Kakaopflanze	127
	Kaktus	81
	Kies	13
	Klebriger Kolben	29
	Kohlenerz	16
	Kolben	33
	Kommandoblock	137
	Kürbis	86
	Kürbislaterne	91
	Lapislazuliblock	22
	Lapislazulierz	21
	Lava	11
	Lehmblock	82
	Leiter	65
	Leuchtfeuer	138
	Melone	103
	Monsterei	97
	Monsterspawner	52
	Myzel	110
	Netherstein	87
	Netherziegel	112
	Netherziegeltreppe	114
	Netherziegelzaun	113

Block	Name	Datenwert
	Notenblock	25
	Obsidian	49
	Ofen	61
	Pflasterstein	4
	Pflastersteinmauer	139 (Schadenswerte 0–1)
	Pflastersteintreppe	67
	Plattenspieler	84
	Ranken	106
	Redstoneerz	73
	Redstonefackel	76
	Redstonelampe	123
	Rote Rose	38
	Roter Pilz	40
	Sand	12
	Sandstein	24
	Sandsteintreppe	128
	Schiene	66
	Schneeblock	80
	Schwamm	19
	Seelensand	88
	Seerosenblatt	111
	Sensorschiene	28
	Setzling	6 (Schadenswerte 0–2)
	Smaragdblock	133

Block	Name	Datenwert
	Smaragderz	129
	Spinnweben	30
	Stein	1
	Steindruckplatte	70
	Steinknopf	77
	Steinziegel	98 (Schadenswerte 0–3)
	Steinziegeltreppe	109
	Stolperdraht	131
	Stufe	44 (Schadenswerte 0–5)
	TNT	46
	Toter Busch	32
	Tropenholztreppe	136
	Truhe	54
	Wasser	9
	Werfer	23
	Werkbank	58
	Wolle	35 (Schadenswerte 0–15)
	Zaubertisch	116
	Zaun	85
	Zauntor	107
	Ziegelblock	45
	Ziegeltreppe	108

Tabelle A.1: Blöcke

Block	Name	Datenwert
	Angelrute	346
	Angetriebene Lore	343
	Apfel	260
	Bett	355
	Blumentopf	390
	Bogen	261
	Boot	333
	Braustand	379
	Brot	297
	Buch	340
	Buch und Feder	386
	Buch, beschrieben	387
	Diamant	264
	Diamantaxt	279
	Diamantbrustplatte	311
	Diamanthacke	293
	Diamanthelm	310
	Diamanthose	312
	Diamantschaufel	277
	Diamantschwert	276
	Diamantspitzhacke	278
	Diamantstiefel	313
	Ei	344
	Eimer	325

Block	Name	Datenwert
	Eisenaxt	258
	Eisenbarren	265
	Eisenbrustplatte	307
	Eisenhacke	292
	Eisenhelm	306
	Eisenhose	308
	Eisenschaufel	256
	Eisenschwert	267
	Eisenspitzhacke	257
	Eisenstiefel	309
	Eisentür	330
	Enderauge	381
	Enderperle	368
	Erfahrungsfläschchen	384
	Faden	287
	Farbstoffe	351 (Schadenswerte 0–15)
	Feder	288
	Fermentiertes Spinnenauge	376
	Feuerkugel	385
	Feuerstein	318
	Feuerzeug	259
	Gebratener Fisch	350
	Gebratenes Hühnchen	366
	Gebratenes Schweinefleisch	320

Block	Name	Datenwert
	Gemälde	321
	Ghastträne	370
	Gift	373 (verschiedene Schadenswerte)
	Giftige Kartoffel	394
	Glasflasche	374
	Glitzernde Melone	382
	Glowstonestaub	348
	Goldaxt	286
	Goldbarren	266
	Goldbrustplatte	315
	Goldene Karotte	396
	Goldener Apfel	322
	Goldhacke	294
	Goldhelm	314
	Goldhose	316
	Goldnugget	371
	Goldschaufel	284
	Goldschwert	283
	Goldspitzhacke	285
	Goldstiefel	317
	Güterlore	342
	Holzaxt	271
	Holzhacke	290
	Holzschaufel	269

Block	Name	Datenwert
	Holzschwert	268
	Holzspitzhacke	270
	Holztür	324
	Karotte	391
	Karottenrute	398
	Karte	358
	Kartoffel	392
	Keks	357
	Kessel	380
	Kettenbrustpanzer	303
	Kettenhelm	302
	Kettenhose	304
	Kettenstiefel	305
	Knochen	352
	Kohle	263 (Schadenswerte 0–1)
	Kompass	345
	Kopf	397
	Kuchen	354
	Kürbiskuchen	400
	Kürbissamen	361
	Lavaeimer	327
	Leder	334
	Lederhose	300
	Lederkappe	298

Block	Name	Datenwert
	Lederstiefel	301
	Ledertunika	299
	Lehmkugel	337
	Lohenrute	369
	Lohenstaub	377
	Lore	328
	Magmacreme	378
	Melonensamen	362
	Melonenscheibe	360
	Milch	335
	Netherstern	399
	Netherwarze	372
	Ofenkartoffel	393
	Papier	339
	Pfeil	262
	Pilzsuppe	282
	Rahmen	389
	Redstonestaub	331
	Redstoneverstärker	356
	Roher Fisch	349
	Rohes Fleisch	363
	Rohes Hühnchen	365
	Rohes Schweinefleisch	319
	Sattel	329

Block	Name	Datenwert
	Schallplatte	2256–2266
	Schere	359
	Schild	323
	Schleimball	341
	Schneeball	332
	Schüssel	281
	Schwarzpulver	289
	Smaragd	388
	Spawner-Eier	383 (untersch. Schadenswerte)
	Spinnenauge	375
	Steak	364
	Steinaxt	275
	Steinhacke	291
	Steinschaufel	273
	Steinschwert	272
	Steinspitzhacke	274
	Stock	280
	Uhr	347
	Verdorbenes Fleisch	367
	Wassereimer	326
	Weizen	295
	Weizen	296
	Ziegel	336
	Zucker	353
	Zuckerrohr	338

Tabelle A.2: Gegenstände

Tabelle A.3 führt die Handwerksrezepte in Minecraft auf. Einige Rezepte sind *formlos* – die Zutaten können an beliebiger Stelle im Handwerksraster platziert werden.

Rezept	Gegenstand	Formlos?
	Amboss	Nein
	Angelrute	Nein
	Antriebsschiene	Nein
	Axt	Nein (verwenden Sie Bretter, Pflasterstein, Eisen, Gold oder Diamant)
	Bett	Nein
	Blumentopf	Nein
	Bogen	Nein
	Boot	Nein
	Braustand	Nein

Block	Name	Datenwert
	Brot	Nein
	Brustplatte	Nein (verwenden Sie Leder, Eisen, Gold oder Diamant)
	Buch	Ja
	Buch und Feder	Ja
	Bücherregal	Nein
	Druckplatte	Nein (verwenden Sie Bretter oder Stein)
	Eimer	Nein
	Eisengitter	Nein
	Enderauge	Ja
	Endertruhe	Nein

Block	Name	Datenwert
	Fackel	Nein
	Falltür	Nein
	Fermentiertes Spinnenauge	Ja
	Feuerkugel	Ja
	Feuerzeug	Nein
	Gemälde	Nein
	Glasflasche	Nein
	Glasscheibe	Nein
	Glitzernde Melone	Ja
	Glowstone	Nein

Block	Name	Datenwert
	Goldbarren	Nein
	Goldene Karotte	Nein
	Goldener Apfel	Nein
	Goldener Apfel (stark)	Nein
	Goldnugget	Ja
	Hacke	Nein (verwenden Sie Bretter, Pflasterstein, Eisen, Gold oder Diamant)
	Hebel	Nein
	Helm	Nein (verwenden Sie Leder, Eisen, Gold oder Diamant)
	Holzbrett	Ja
	Hose	Nein (verwenden Sie Leder, Eisen, Gold oder Diamant)

Block	Name	Datenwert
	Karottenrute	Nein
	Karte	Nein
	Keks	Nein
	Kessel	Nein
	Knochenmehl	Ja
	Knopf	Ja (verwenden Sie Bretter oder Stein)
	Kohleblock	Nein (verwenden Sie Eisen, Gold, Lapislazuli, Smaragd oder Diamant – Rezept ist reversibel)
	Kolben	Nein
	Kolben (klebrig)	Nein
	Kompass	Nein

Block	Name	Datenwert
	Kuchen	Nein
	Kürbiskuchen	Ja
	Kürbislaterne	Nein
	Kürbissamen	Ja
	Lehmblock	Nein
	Leiter	Nein
	Leuchtfeuer	Nein
	Lohenstaub	Ja
	Lore	Nein
	Lore (mit Ofen)	Nein

Block	Name	Datenwert
	Lore (mit Truhe)	Nein
	Löwenzahngelb	Ja
	Magmacreme	Ja
	Melone	Nein
	Melonensamen	Ja
	Notenblock	Nein
	Ofen	Nein
	Papier	Nein
	Pfeil	Nein
	Pflastersteinmauer	Nein

Block	Name	Datenwert
	Pflastersteinmauer (bemoost)	Nein
	Pilzsuppe	Ja
	Plattenspieler	Nein
	Rahmen	Nein
	Redstonefackel	Nein
	Redstonelampe	Nein
	Redstoneverstärker	Nein
	Rosenrot	Ja
	Sandstein	Nein
	Sandstein (gemeißelt)	Nein

Block	Name	Datenwert
	Sandstein (glatt)	Nein
	Schaufel	Nein (verwenden Sie Bretter, Pflasterstein, Eisen, Gold oder Diamant)
	Schere	Nein
	Schiene	Nein
	Schild	Nein
	Schneeblock	Nein
	Schüssel	Nein
	Schwert	Nein (verwenden Sie Bretter, Pflasterstein, Eisen, Gold oder Diamant)
	Sensorschiene	Nein
	Spitzhacke	Nein (verwenden Sie Bretter, Pflasterstein, Eisen, Gold oder Diamant)

Block	Name	Datenwert
	Steinziegel	Nein
	Stiefel	Nein (verwenden Sie Leder, Eisen, Gold oder Diamant)
	Stock	Nein
	Stolperdraht	Nein
	Stufen	Nein (verwenden Sie Ziegel, Pflasterstein, Steinziegel, Netherziegel oder Holz)
	TNT	Nein
	Treppe	Nein (verwenden Sie Ziegel, Pflasterstein, Steinziegel, Netherziegel oder Holz)
	Truhe	Nein
	Tür	Nein (Verwenden Sie Bretter oder Eisenbarren)
	Uhr	Nein

Block	Name	Datenwert
	Werfer	Nein
	Werkbank	Nein
	Wolle	Nein
	Wolle (gefärbt)	Ja (verwenden Sie jeden beliebigen Farbstoff)
	Zaubertisch	Nein
	Zaun	Nein
	Zaun (Netherziegel)	Nein
	Zauntor	Nein
	Ziegelblock	Nein
	Zucker	Ja

Tabelle A.3: Rezepte

Stichwortverzeichnis

COMPUTER-WISSEN FÜR DEN JOB

Access 2013 für Dummies
ISBN 978-3-527-70930-4

Excel 2010 für Dummies
ISBN 978-3-527-70611-2

Excel 2013 für Dummies
ISBN 978-3-527-70932-8

Excel im Controlling für Dummies
ISBN 978-3-527-70619-8

Excel-VBA für Dummies
ISBN 978-3-527-70928-1

Joomla! für Dummies
ISBN 978-3-527-70770-6

Office 2013 Alles-in-einem-Band
für Dummies
ISBN 978-3-527-70931-1

SPSS 18 für Dummies
ISBN 978-3-527-70596-2

SPSS 20 für Dummies
ISBN 978-3-527-70865-9

SQL für Dummies
ISBN 978-3-527-70739-3

Word 2013 für Dummies
ISBN 978-3-527-70933-5

Word und Excel 2010 für Dummies
Sonderausgabe
ISBN 978-3-527-70837-6

ZEIT FÜR IHRE HOBBYS

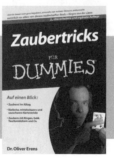

Digitale Fotografie für Dummies
ISBN 978-3-527-70811-6

Digitale SLR für Dummies
ISBN 978-3-527-70835-2

Digitale SLR Kamera-Einstellungen
für Dummies
ISBN 978-3-527-70760-7

Kalligrafie für Dummies
ISBN 978-3-527-70414-9

Kartenspiele für Dummies
ISBN 978-3-527-70324-1

Internet-Poker für Dummies
ISBN 978-3-527-70332-6

Nähen für Dummies
ISBN 978-3-527-70741-6

Schach für Dummies
ISBN 978-3-527-70221-3

Songwriting für Dummies
ISBN 978-3-527-70977-9

Stricken für Dummies
ISBN 978-3-527-70988-5

Zaubertricks für Dummies
ISBN 978-3-527-70879-6

Zeichnen für Dummies
ISBN 978-3-527-70294-7

ALLES WISSENSWERTE ZU OFFICE 2013

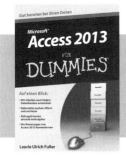
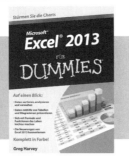

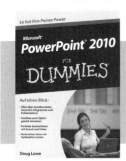

Access 2010 für Dummies
ISBN 978-3-527-70613-6

Access 2013 für Dummies
ISBN 978-3-527-70930-4

Excel 2010 für Dummies
ISBN 978-3-527-70611-2

Excel 2013 für Dummies
ISBN 978-3-527-70932-8

Office 2010 für Dummies
ISBN 978-3-527-70621-1

Office 2010 Alles-in-einem-Band
für Dummies
ISBN 978-3-527-70614-3

Office 2013 Alles-in-einem-Band
für Dummies
ISBN 978-3-527-70931-1

Office 2013 für Dummies
ISBN 978-3-527-70952-6

PowerPoint 2010 für Dummies
ISBN 978-3-527-70612-9

Word 2010 für Dummies
ISBN 978-3-527-70610-5

Word 2013 für Dummies
ISBN 978-3-527-70933-5

TOLLE WEBSEITEN VON ANFANG AN RICHTIG PROGRAMMIEREN

HTML 4 für Dummies
ISBN 978-3-527-70498-9

HTML 5 Schnelleinstieg für Dummies
ISBN 978-3-527-70900-7

JavaScript für Dummies
ISBN 978-3-527-70859-8

Joomla! für Dummies
ISBN 978-3-527-70770-6

PHP 5.4 und MySQL 5.6 für Dummies
ISBN 978-3-527-70874-1

Webdesign für Dummies
ISBN 978-3-527-70329-6

Webseiten für Dummies
ISBN 978-3-527-70667-9

WordPress für Dummies
ISBN 978-3-527-70997-7